DIE REGENTEN VON HESSEN-DARMSTADT

PHILIPPVS LANDT GRAVE ZV
HESSE GRAVE ZV
CATZENELNBOGĒ
DIETZ ZIEGEN
HAIN VND NIDDA

Manfred Knodt

Die Regenten von Hessen-Darmstadt

Verlag H. L. Schlapp Darmstadt

Vorwort

Die einstige Landgrafschaft Hessen-Darmstadt, das spätere Großherzogtum von Hessen und bei Rhein, wurde 350 Jahre lang – von 1567 bis 1918 – von den Nachkommen des 1567 verstorbenen Landgrafen Philipp des Großmütigen regiert. Auch in den Jahren nach dem Thronverzicht des letzten Großherzogs, Ernst Ludwig, hat dieses Erbe in unserer Stadt und unserem Land weitergewirkt, ja, es wurde mit dem Wiederaufbau nach 1945 von Prinz Ludwig und seiner Gemahlin, Prinzessin Margaret, für unsere Zeit und unsere Zukunft erneut dienstbar gemacht, besonders deutlich sichtbar im kulturellen und karitativen Bereich.

Hessen-Darmstadt und vor allem die ehemalige Residenz Darmstadt verdankt dieser 400jährigen Epoche Entscheidendes; Ansicht und Geist unserer Stadt erinnern uns täglich daran. Dies zu vergessen, wäre nicht nur Undankbarkeit, sondern auch Unrecht. Solchem Tatbestand Ausdruck zu verleihen, ist um so nötiger, je größer der zeitliche Abstand zu diesen Regenten wird. Dieser Abstand ermöglicht es auch, Bedeutung und Verdienste des Herrscherhauses angemessen zu würdigen.

Diese Darstellung des Darmstädter Herrscherhauses entstand aus der in den letzten Jahren ständig zunehmenden Nachfrage nach einer solchen Geschichte, zum einen von den langjährigen Bürgern unserer Stadt, die die Regierungszeit des letzten Großherzogs nicht mehr oder – wegen ihrer damaligen Jugend – noch nicht so bewußt miterlebt haben, als auch von den neuen Bürgern, die sich nach dem Einleben auch für die Geschichte ihrer neuen Heimat interessieren. Dieses Buch soll Auskunft geben über die Darmstädter Landgrafen und Großherzöge, die zweimal Georg, zweimal Ernst Ludwig und neunmal Ludwig hießen. In der Darstellung wurde erstrebt, Personen und Ereignisse möglichst allgemeinverständlich darzubieten, wobei die Fürsten und ihre Zeitgenossen immer wieder selbst zu Wort kommen sollten. Auf die Stätten und Denkmäler, die bis heute an sie erinnern, wurde besonders hingewiesen. Daß die Regenten aus jüngeren Zeiten ausführlicher dargestellt sind als die aus früherer Zeit, liegt nahe, denn ihre Wirkungen verspüren wir am ehesten.

Zwei Regenten und zwei Regentenfrauen ragen heraus: Die Große Landgräfin Caroline, Großherzog Ludewig I., Großherzogin Alice und Großherzog Ernst Ludwig; das sollte deutlich werden.

Aus den Aufgaben, die Traditionskirche des Hessischen Fürstenhauses wieder aufzubauen und zu pflegen, das Erbe, das sich in der Gruft und in den Epitaphien der Darmstädter Stadtkirche widerspiegelt, ständig zu deuten, als auch der Großherzoglichen Familie pastoral zu Diensten zu stehen, ist die eingehende Beschäftigung mit der Hessischen Regentenfamilie und somit dieses Buch erwachsen.

Es ist zugleich ein Dank von einem traditionsbewußten Hessen-Darmstädter namens vieler gegenüber einem Erbe, das in seinen Auswirkungen ein nicht unwesentlicher Bestandteil auch unseres heutigen demokratischen Bundeslandes Hessen geworden ist.

Zur dritten Auflage

Dieses Buch über die „Regenten von Hessen-Darmstadt", das sich als Nachschlagewerk mit den wichtigsten biographischen Angaben über die Landgrafen von Hessen-Darmstadt und Großherzöge von Hessen und bei Rhein bewährt hat, wird – auf den aktuellen Stand gebracht – in dritter Auflage vorgelegt. Dafür sei dem Verleger gedankt.

Darmstadt, im Herbst 1989

[Unterschrift]

Die Regenten von Hessen-Darmstadt

Georg I.   * Kassel 10. 9. 1547   ♔   31. 3. 1567   † Darmstadt 7. 2. 1596

Hessen-Darmstadt besteht als selbständige Landgrafschaft seit dem Jahre 1567. Damals wurde durch letztwillige Verfügung Philipp des Großmütigen (* 1504, ♔ 1518, † 1567) die von nördlich Kassel bis südlich von Darmstadt reichende Landgrafschaft Hessen unter seine vier Söhne Wilhelm, Ludwig, Philipp und Georg aufgeteilt. Sie wurden so die Landgrafen von Hessen-Kassel, Hessen-Marburg, Hessen-Rheinfels und Hessen-Darmstadt. Da sowohl der Marburger wie der Rheinfelser Landgraf kinderlos starben, wurden deren Gebiete, freilich nicht ohne Auseinandersetzungen, zwischen Kassel und Darmstadt geteilt.

Die Landgrafschaft Hessen-Kassel, der 1803 noch die Kurfürstenwürde zugefallen war, erlosch 1866 durch Eingliederung nach Preußen. Die Landgrafschaft Hessen-Darmstadt, aus der 1806 das Großherzogtum von Hessen und bei Rhein wurde, bestand bis 1918 als Monarchie und bis 1945 als Volksstaat Hessen.

Preußen, das sich 1866 außer Hessen-Kassel auch das Herzogtum Nassau einverleibte, hatte diese beiden Gebiete mit der ehemals Freien Reichsstadt Frankfurt am Main im Jahre 1868 zur preußischen Provinz Hessen-Nassau vereint. Mit der Errichtung des Landes Hessen im Jahre 1946 ist diese Bezeichnung und die Zuständigkeit der dafür Verantwortlichen erloschen.

Erwähnt sei, daß das heutige Bundesland Hessen in seiner Längsausdehnung der zur Zeit Philipps des Großmütigen nicht unähnlich ist. Man kann auch fragen: Welche Rolle hätte Hessen im Herzen Deutschlands wohl spielen können, wenn sein bedeutendster Landgraf nicht als ein gedemütigter und gebrochener Mann sein Land geviertelt hätte?

Georg I., der jüngste der Söhne Philipps des Großmütigen, erhielt ein Achtel der Landgrafschaft, den südlichen Zipfel, hauptsächlich die Obergrafschaft Katzenelnbogen: *„Du Georg, der Söhne Letzter, du hältst am besten Haus, mein Darmstadt sollst Du haben, dort gibt man wenig aus . . .“*, wie H. Künzel in seinem Gedicht „Philipp des Großmütigen Testament“ gesagt hat.

Es war alles andere als ein herrschaftlicher Aufzug, als Georg mit kleinem Gefolge am 15. Juli 1567 erstmals seine Residenz betrat und das unwohnliche Schloß, das noch die Spuren aus dem Schmalkaldischen Krieg (1546) an sich trug. *„Schüssel, Deller, Leuchter, Dischtücher, Leilachen, Bett, Disch und*

Schloß Lichtenberg. Kolorierter Stahlstich

Bänke" mußte Georg sich bei seinen Untertanen leihen, *„was den frommen Herrn anfänglich sehr geschmerzt hat"*.

Die recht kleine Landgrafschaft bestand aus den Ämtern Auerbach, Zwingenberg, Darmstadt, Dornberg, Lichtenberg, Reinheim und Rüsselsheim. Eingesprengt waren Teile des Kurfürstentums Mainz, nämlich Bensheim, Heppenheim, Lorsch, Seligenstadt, katholische Gebiete wie auch das der Herren von Frankenstein. Der Odenwald gehörte damals zu einem großen Teil noch den reichsunmittelbaren Grafen von Erbach.

Georgs Herrschaftsgebiet, die ehemalige Obergrafschaft Katzenelnbogen, umfaßte damals nur 78 Orte mit 20 000 Bewohnern; für Darmstadt werden für das Jahr 1567 239 Haushaltungen mit 1195 Einwohnern angegeben.

Es bedurfte großer Zielstrebigkeit und Sparsamkeit, die bisher von Kassel arg vernachlässigte südlichste Provinzstadt zu wirtschaftlichem Aufstieg zu führen und zu einer Landeshauptstadt werden zu lassen.

Von Natur heftig, aber zielstrebig, griff Georg viele Aufgaben beharrlich an: er betrieb Seidenzucht, legte Sümpfe trocken und Weinberge an. Die Anlage des großen Woog ist sein Verdienst. Es wurden Schulen errichtet, die Pfarrversorgung geregelt und Anordnungen für eine bessere Betreuung der Armen getroffen. Geschickt verstand es Georg, sein Land sehr erheblich zu vergrößern: beim Tod seines Bruders Philipp von Rheinfels und dem Aussterben der Grafen von Diez erbte er die Ämter Stornfels, Schotten und Homburg vor der Höhe, später einen Teil des Amtes Braubach (bei Bad Ems); durch Kauf erwarb er die Höfe Sensfeld und Kranichstein und den Gehaborner Hof. Teile des Darmstädter Schlosses wurden neu errichtet, auch die Hofkirche entstand. Erbaut wurde auch das Lichtenberger Schloß; Lichtenberg war eine sehr alte Festung der Grafen von Katzenelnbogen, die unser Gebiet bis 1479 von Burg Rheinfels bei St. Goar regierten, bevor es von Hessen beerbt wurde.

Zehn Kinder hatte Georg aus erster Ehe mit Magdalena, einer Gräfin zur Lippe (1552–1587), die 35jährig starb. Das große Epitaph, das Georg durch den Kasseler Künstler Peter von Osten 1589 in der Darmstädter Stadtkirche für seine Frau und sich errichtete, ist ein sehr beredter Ausdruck fürstlichen Selbstbewußtseins und ein erstes Dokument lutherischer Kirchenkunst in der hessischen Residenz. Das Epitaph zeigt das Fürstenpaar lebensgroß in zeitüblicher Tracht, im unteren Bild die Eltern mit fünf Söhnen zur linken und fünf Töchtern zur rechten unter dem Gekreuzigten kniend. Im Hintergrund das himmlische Jerusalem und Darmstädter Motive, das Schloß und ein Stadttor. Das Oberfeld zeigt den Einzug der Landgräfin in den Himmel. Die 32 Wappenschilder bilden den Ahnennachweis, und Schrifttafeln mit Versen des Reinheimer Pfarrers Konrad Hack rühmen die Verdienste der Dargestellten. Wahrlich eine gute Bildbiographie des ersten Landgrafenpaares.

Obwohl im Jahre 1608 – durch Rudolf II. kaiserlich verbrieft – für Hessen-Darmstadt die Primogenitur, die Erbfolge des Erstgeborenen, eingeführt worden war, erhielten zwei der Söhne Georg I. Teile der Landgrafschaft als selbständige Herrschaftsgebiete: Philipp (1581–1643) im Jahre 1609 das Gebiet um Butzbach und Friedrich (1585–1638) im Jahre 1622 Stadt und Amt Homburg mit den Dörfern Köppern, Seulberg, Gonzenhain und Oberstedten. Die nur bis zum Tode Philipps bestehende Landgrafschaft Hessen-Butzbach bestand aus dem hessischen Anteil an der Stadt Butzbach und dem Amt Butzbach mit den Orten Hochweisel, Münster, Ostheim, Weiperfelden, Maibach, Fauerbach und Bodenrod. Einige vorher Solmsische Orte und die

14

Herrschaft Itter (das sog. hessische Hinterland um Vöhl am Edersee) kamen bald hinzu.

Landgraf Philipp, ein wissenschaftlich besonders begabter und interessierter Mann, beherrschte acht Sprachen. Er war mit Johannes Kepler (1571–1630), dem für die Astronomie, Mechanik und Naturwissenschaft so bedeutenden Forscher, befreundet. Dies hat sich wohl auch gezeigt in den mathematischen und astronomischen Instrumenten, die der Landgraf selbst fertigte. Durch ihn war Butzbach für drei Jahrzehnte eine kleine Residenz von großer Anziehungskraft. Kepler war verschiedentlich Gast am Butzbacher Hofe, zuerst 1621. In einem Briefwechsel 1623 weihte Kepler seinen Gönner in die Schwierigkeiten ein, die wegen der Drucklegung der von ihm errechneten siebenstelligen Logarithmen entstanden waren. Der Landgraf ließ dieses Werk 1624 in Gießen bei der Druckerei Kaspar Chemlin drucken. Später war er ebenfalls behilflich beim Druck der Rudolfinischen Tafeln, eines astronomischen Werkes. Als Kepler mit dem fertigen Werk 1627 die Frankfurter Herbstmesse besucht hatte, hielt er sich vierzehn Tage in Butzbach auf und machte mit dem vom Landgrafen erbauten Tubus Beobachtungen über die Sonnenflecken. Die Absicht Keplers, 1629 für längere Zeit nach Butzbach zu kommen, vereitelte der Krieg – Kepler war damals in Diensten Wallensteins in Sagan. Einige Zeit lebte eine Tochter Keplers am Butzbacher Hof; sein Sohn widmete des Vaters nachgelassenes Werk dem landgräflichen Freund und Gönner, „da ein würdigerer dafür nicht gefunden werden könne" (nach einem Vortrag von Otfried Praetorius 1931 über „Kepler in Hessen").

An Landgraf Philipp erinnert ein Epitaph in der Butzbacher Stadtkirche, wo er mit seinen beiden Frauen in einer Gruft bestattet ist.

Das Butzbacher Schloß gewann später, von 1688 bis 1709, nochmals Bedeutung als Witwensitz der Landgräfin Elisabeth Dorothea (1640–1709).

Der selbständigen Landgrafschaft Hessen-Homburg, die 1622 mit Friedrich I., Sohn Georg I., begann, war eine längere Lebensdauer beschieden. Sie wurde 1866 als Kriegsbeute von Preußen annektiert, nachdem sie kurz zuvor mangels Nachkommen des letzten Landgrafen an Hessen-Darmstadt zurückgefallen war. Berühmt geworden ist das Haus Hessen-Homburg durch Landgraf Friedrich II. (* 1633, ♛ 1677, † 1708), Kleists „Prinz von Homburg" mit dem „silbernen Bein". Als Brandenburgischer Feldmarschall trug er entscheidend bei zum Sieg des Großen Kurfürsten über die Schweden bei Fehrbellin 1675. Als Regent siedelte er in seinem Ländchen Hugenotten an und brachte es zum Aufblühen. Die Stadt Friedrichsdorf ist nach ihm benannt. Das sehenswerte

---

Epitaph für Landgraf Georg I. und seine erste Gemahlin Magdalena in der Stadtkirche Darmstadt

Homburger Schloß ist in seiner jetzigen Gestalt im wesentlichen sein Werk. Die letzten drei deutschen Kaiser erhoben das Schloß zu ihrer beliebten Sommerresidenz und trugen so ganz erheblich zur Weltgeltung des Kurortes Bad Homburg bei. Während seiner langen Wartezeit auf die Krone war auch der spätere englische König Eduard VII. regelmäßiger Besucher des Bades. Sein Hut, der „Homburger", ist wohl durch ihn in unserem Lande Mode geworden. Eine kleine Nachlässigkeit des Prinzen von Wales nach einem Bad – er vergaß, den untersten Knopf an seiner Weste zuzuknöpfen – wurde auch mit Freuden kopiert und zur Mode.

Mit Unterstützung des letzten Zaren, Nikolaus II., wurde in Homburg eine Russische Kapelle erbaut. Ohne die Liebe des letzten deutschen Kaisers, Wilhelm II., zu Bad Homburg und seinem Schloß wäre auch die Erlöserkirche mit ihrer frühchristlichen Vorbildern nachgeschaffenen Mosaikpracht sicher nicht erbaut worden.

Um abschließend Georg I. zu würdigen, braucht nicht verschwiegen zu werden, daß auch notvolle Folgen eines Religionseifers seine Zeit belasten: Hexenprozesse und Judenvertreibungen. Von Toleranz gegenüber Andersgläubigen und Ungläubigen hielt man in einem konfessionell einheitlichen Lande nichts. Religionsfreiheit war noch in weiter Sicht: für Katholiken in Darmstadt erst 1790, für Protestanten in Mainz 1817. Der Regent war in evangelischen Landen auch „summus episcopus", Landesbischof, und sah seine Aufgabe darin, seine Untertanen vor schädlichen Einflüssen zu bewahren – wenn nötig, auch mit drakonischen Maßnahmen. Darin pflichteten ihm auch die kirchlichen Oberen bei. Durch Kirchenzuchtmaßnahmen übertrugen sie auf den kirchlichen Bereich, was der in geistlichen und weltlichen Belangen gleicherweise zuständige Landesherr auch durch Polizeimaßnahmen vollstreckte. Wir stehen nicht an, derartige Verhaltensweisen zu mißbilligen, doch sollten wir berücksichtigen, daß die weltlich und geistlich Oberen als Kinder ihrer Zeit durchaus guten Glaubens waren und meinten, so verfahren zu müssen.

Ludwig V.

* Darmstadt 24. 9. 1577 ♛ 7. 2. 1596
† Darmstadt 27. 7./6. 8. 1626

Nach dem Tod Georg I. folgte ihm sein Sohn als Regent und Landgraf Ludwig V. Man hat ihn „der Getreue" genannt, „Deo et Caesari fidelis", Gott und dem Kaiser getreu, weil er als lutherischer Fürst im 30jährigen Krieg treu zum katholischen Kaiser hielt.

Sein Leben war reich an schweren Auseinandersetzungen.

Zuerst ging es um das Erbteil aus der Landgrafschaft Hessen-Marburg. Je zur Hälfte sollte sie nach dem Tode des kinderlosen Landgrafen Ludwig IV. im Jahre 1604 an Kassel und Darmstadt fallen, sofern im Bekenntnisstand keine Änderung einträte und das Testament unangefochten bliebe. Ludwig V., dem die Vorrangstellung Kassels ärgerlich und der im Unterschied zu seinem Vater ein selbstbewußter, politisch leidenschaftlicher Mann war, focht das Testament an und verlangte drei Viertel des Marburger Erbes. Da Landgraf Moritz von Kassel in kirchlicher Hinsicht durch seine „Verbesserungspunkte", zu denen er die Geistlichen und Professoren zwingen wollte, seinem Darmstädter Gegenspieler auch formal die Gründe lieferte, erwuchs aus diesem Anlaß ein fast 50 Jahre währender Bruderzwist, der zu den traurigsten Begebenheiten der hessischen Geschichte gehört. Es würde zu weit führen, diesen näher zu schildern, eine „Zerfleischung aus machtpolitischen Gründen, kirchlich motiviert und dürftig verhüllt", nennt es Karl E. Demandt in seiner „Geschichte des Landes Hessen".

Eine der Auswirkungen war 1605 die Gründung und 1607 nach Erteilung kaiserlicher Privilegien die Eröffnung einer Universität in Gießen, lutherische Gegenuniversität zu Marburg mit Professoren, die die „Verbesserungspunkte" von Landgraf Moritz nicht unterschrieben. Streitbare lutherische Orthodoxie bestimmte von Anfang an und durch das ganze 17. Jahrhundert den Charakter der „Ludoviciana". Der 30jährige Krieg, in dem Ludwig V. und auch sein Nachfolger Georg II. zur kaiserlichen und damit katholischen Partei hielten, ermöglichte es Ludwig V., sich das Marburger Gebiet erobern zu lassen und dort die Darmstädter Herrschaft aufzurichten. 1625, ein Jahr vor seinem Tod, vereinigte er die beiden Universitäten wieder in Marburg; 1650 wurden sie wieder und endgültig getrennt.

18

Ein Epitaph, das für Ludwig V. in der lutherischen Pfarrkirche zu Marburg errichtet wurde, obwohl er dort nicht beigesetzt ist, dokumentiert die Episode dieser Darmstädter „Fremdherrschaft" im Marburger Land.

Durch die Primogenitur gewährleistete Ludwig V., daß das Land nicht weiter aufgeteilt wurde. Abweichungen davon erfolgten lediglich, wenn die Nachgeborenen nicht durch Geld abgefunden werden konnten, wie bei Philipp von Hessen-Butzbach (1609) oder Friedrich von Hessen-Homburg (1622). Von Homburg abgesehen, fielen diese für kurze Zeit selbständigen Gebiete wieder an Darmstadt zurück. Ludwig V. erweiterte sein Land auch durch Ankauf verschiedener Gebiete, so des Amtes Kelsterbach. Mit dem Erwerb der Hälfte des Marburger Erbes, vor allem von Gießen und Nidda und den schon vorher erworbenen Ortschaften Schotten und Stornfels, legte Ludwig V. den Grundstock zu der Darmstädter Provinz Oberhessen.

Der 30jährige Krieg brachte für das Land und den Fürsten erhebliche Belastungen. Da Ludwig V. als lutherischer Fürst dem Kaiser die Treue hielt, war sein Land sowohl den Drangsalen der evangelischen Heere (Union) ausgesetzt, die meinten, ihn als Verräter bestrafen zu müssen, als auch denen der katholischen Heere (Liga), die seiner undurchsichtigen Rolle mißtrauten. Typisch für diese Situation war die Verhaftung Ludwig V. mit seinem Sohn Johann am 22. Mai 1622 in Darmstadt durch Pfälzer Truppen und die Befreiung am 20. Juni 1622 bei Höchst durch Truppen Tillys. Solange der Kaiser in Deutschland siegte, waren die Verhältnisse für Hessen-Darmstadt günstig. Schon vor dem Krieg erfreute sich Ludwig V. kaiserlichen Wohlwollens, da er 1609 als kaiserlicher Kommissar im Jülischen Erbschaftsstreit tätig werden und 1612 gemeinsam mit dem Mainzer Erzbischof Johann Schweikard von Kronberg Unruhen in Frankfurt beilegen mußte.

Es war üblich, Thronfolger auf Bildungsreisen zu schicken, damit sie Weltkenntnisse gewinnen und diplomatische Fähigkeiten erlernen. Trotz der im Hessenland immer sehr knappen Mittel wurde auf solche Reisen nicht verzichtet. Aus dem üblichen Rahmen fiel die Reise, die Ludwig V. als Regent 1618/19 unternahm. Der Tod seiner Gemahlin Magdalena 1616 gab ihm Anlaß, das Grab des Erlösers in Jerusalem zu besuchen, um dort „seinen Schmerz auszuweinen". Über Marseille und Madrid gelangte er bis Malta. Dort riet man ihm von der weiten Reise ab und empfahl, auf dem Heimweg Rom zu besuchen. Um den Verdacht, er hätte konvertieren wollen, zu entkräften, schrieb er von unterwegs einen ausführlichen Bericht über die Audienz, in dem es heißt: „*Ich*

Landgraf Ludwig V. (aus seinem Ehren-Gedächtnis, 1626)

habe dem Babst tiefe Reverentz gemacht, aber doch den Pantoffel nicht geküßt, denn ich auch vorher sagen lassen, daß ich solches nicht tun werde … meiner Religion nach bin ich gottlob allenthalben bekannt gewesen …"

Zwölf Kinder entstammen der Ehe Ludwig V. mit Magdalena (1582–1616), Tochter des Kurfürsten Georg von Brandenburg. Nachfolger wurde der älteste Sohn Georg. Bedeutend waren auch die Söhne Johann (1609–1651) und Friedrich (1616–1682). Johann war Heerführer in österreichischen, dann schwedischen und schließlich kaiserlichen Diensten; einige Jahre vor seinem Tod zog er sich nach Braubach zurück, das ihm sein Vater zugeeignet hatte. Friedrich trat in Italien zum katholischen Glauben über, war Großmeister des Johanniter-Ordens und zuletzt Fürstbischof und Kardinal zu Breslau.

Mit der künstlerischen Ausgestaltung der Fürstengruft in der Darmstädter Stadtkirche und einem kleinen Epitaph, das die Verdienste des Landgrafen festhält, hat sich Ludwig V. ein Denkmal gesetzt. In der Darstellung des Jüngsten Gerichts an der Decke der Gruft ist er als Auferstehender zu sehen, die Köpfe seines Vaters und seiner Gemahlin hinter ihm in den Wolken.

Seite 20: Darmstadt 1626. Holzstich aus Meißners „Thesaurus Philopoliticus"
Seite 21: Fürstengruft mit Epitaph für Landgraf Ludwig V. in der Stadtkirche Darmstadt

Einigkeit ist die beste Ringmaur einer Stadt.

Darmbstadt.

Pace satis, foelix, fortis Respublica jure Quando Magistratus lampadis instar erit.

Ein Weiser und Verständigr Raht,
Viel fromme Bürgr in einer Stadt,

Die allerstärckflen Mauren sindt,
Kein beßr Ringmaur, auff Erdt man findt.

Georg II.

* Darmstadt 17./27. 3. 1605 ♛ 27. 7./6. 8. 1626
† Darmstadt 11./21. 6. 1661

Landgraf Georg II. hatte ein schwieriges Erbe anzutreten. Im Streit mit Kassel um das Marburger Land gab es anfänglich noch Erfolge, wie die Eroberung der Burg Rheinfels, die der Vater vergeblich versucht hatte. Aber die Schweden und Franzosen gewannen für Kassel allmählich seine von Darmstadt besetzten Gebiete zurück. Als der Schwedenkönig Gustav Adolf 1631 auf seinem Siegeszug durch Deutschland ins Rhein-Main-Gebiet kam, ließ er sich bei einer Zusammenkunft mit Georg II. in Höchst am Main gegen Überlassung von Rüsselsheim zur Neutralität bewegen und gestattete ihm, weiter dem Kaiser ergeben zu sein. Die Pest wütete im Land und forderte ihre schrecklichen Opfer, besonders im Jahre 1635, als in Darmstadt in fünf Monaten tausend Menschen hingerafft wurden, im ganzen Jahr über 2000. Lichtblicke in dieser schlimmen Zeit waren 1628 eine Generalkirchenvisitation und Landvisitation für das ganze Land zur Bestandsaufnahme der Verhältnisse in Kirche und Schule, außerdem 1629 die Gründung des Darmstädter Pädagogiums. Hier führte Georg nur die Anordnung seines Vaters aus, zu deren Verwirklichung er nicht mehr gekommen war. Als Ludwig-Georgs-Gymnasium hält das Gymnasium die Erinnerungen an die fürstlichen Gründer auch heute noch wach.

Die Gründung dieses Pädagogiums, für das das Marburger das Vorbild abgab, war eine Maßnahme innerhalb einer umfassenden Reform des Schulwesens. Die

Landgraf Georg II. und seine Gemahlin Sophie Eleonore (aus: Mausoleum zu Lob dem Fürsten Georgen, um 1662)

Das Darmstädter Paedagogium. Nach einer Vorlage aus dem 17. Jahrhundert gemalt von E. A. Schnittspahn um 1870

Pädagogien – nach Marburg die Neugründungen in Darmstadt, St. Goar, Gießen, Schmalkalden und Alsfeld – waren die Zubringerschulen für die Universität. In den Jahren 1624 bis 1650 war es in Hessen nur die wiedervereinigte Universität Marburg. Dann gab es Lateinschulen, schließlich die in drei Klassen gegliederten Volksschulen, deren Besuch man zur Pflicht machte.

Zu damaliger Zeit nahm man sich auch schon der Begabtenförderung an; die Liste der in die Marburger Stipendiatenanstalt Aufgenommenen zeigt sehr deutlich das Herkommen der Studenten nicht nur aus privilegierten Familien.

Ein die Zeitverhältnisse ungemein erhellendes Dokument sind die in der erstmals 1574 und wieder 1662 und 1724 erschienenen „AGENDA. Das ist: Kirchen-Ordnung, wie es im Fürstenthum Hessen, mit Verkündigung Göttlichen Worts, Reichung der Heil. Sacramenten und andern Christlichen Handlungen und Ceremonien, gehalten werden soll" veröffentlichten Anweisungen, die sich aus der Visitation ergaben: „Erklärung Unser Georgen, von Gottes Gnaden

23

Landgraf zu Hessen etc. über etliche, bei jüngst gehaltener General-Kirchen-Visitation zu einer allgemeinen durchgehenden Anstalt und Verbesserung ausgesetzte Puncten, publiciert 1629" und „Unsere Georgen etc. Ordnung von fleißiger Übung des Catechismi der Kinderlehre, mehrerer Kirchdisciplin und anderer zur Erbauung des wahren Christentums nötiger Stücke, gedruckt zu Marpurg 1634".

Mit dem Ende des 30jährigen Krieges kam auch der hessische Bruderkrieg zum Ende und fand 1648 in Verträgen seinen Abschluß. Das Marburger Gebiet blieb bei Kassel, das Gießener bei Darmstadt samt Teilen der Herrschaft Itter, dem sogen. hessischen Hinterland. Ein ausgeblutetes, wirtschaftlich und finanziell völlig ruiniertes Land feierte 1650 endlich seinen Frieden. Landgraf Georg, der von 1630–1632 auf Schloß Lichtenberg, dann bis 1649 in Gießen Hof gehalten hatte, weil es dort sicherer war, kehrte nach Darmstadt zurück.

Gegen Milderung von Frondiensten und Abschaffung von Frongeldern bewilligten die Landstände dem Landgrafen Einkommen-, Trank-, Vieh- und Fruchtsteuern, um den großen Schuldenberg abzutragen, was teilweise auch gelang.

Große Anstrengungen wurden unternommen, geflohene Einwohner zurückzuholen. Man erhoffte sich vom Ausbau Rüsselsheims zu einer großen Handelsstadt mit Hafen und Anschluß an die Handelszentren an Main, Rhein und Neckar wirtschaftlichen Aufschwung; aber dieser Traum mußte begraben werden.

Es war auch eine Fehleinschätzung der Landgrafen Ludwig V. und Georg II., Hessen-Darmstadt auf Kosten Hessen-Kassels zu einem bedeutenden Territorium emporzuführen. Georg II., mehr Staatsmann als Kriegsmann, der auch in der Hessen-Kasseler Landgräfin Amalie Elisabeth seinen Meister gefunden hatte, betrieb ohnehin die Marburger Händel nicht mit der Rigorosität und Leidenschaft wie sein Vater.

Das Urteil über Georg II. ist zwiespältig: Droysen nennt ihn „vielleicht die traurigste unter den traurigen Erscheinungen damaliger Reichsfürsten" (Demandt, Seite 301), Wilhelm Diehl in seiner Biographie (Seite III) einen „der zu den Besten gehört, die je auf dem hessen-darmstädtischen Throne saßen". Georg II. wußte sich seinem lutherischen Glauben verpflichtet wie kaum ein anderer aus seinem Hause. Bis zu seinem 18. Lebensjahr hatte er bereits siebenmal die Bibel gelesen und bis zu seinem Lebensende noch 28mal. Der religiösen Erziehung durch Kirche und Schule galt seine besondere Sorge, auch bei seinen eigenen 14 Kindern, zwei Söhnen und zwölf Töchtern, von denen fünf jung starben. *„Liebe zu Gerechtigkeit als der höchsten Tugend, gleiche Sorge für Arme und Reiche"* empfiehlt er seinem Sohn, *„denn weder Reichtum noch Kriegsmacht, sondern Treue und Glauben befestigen eine Herrschaft".*

Eine Tochter, Anna Sophie (1638–1683), wurde Äbtissin des freien weltlichen Stiftes Quedlinburg. Bekannt geworden ist sie durch ihr Buch „Der treue Seelenfreund Jesus Christus" (Frankfurt und Leipzig 1632, Jena 1651) mit 32 geistlichen Liedern, die in früheren Gesangbüchern zum Teil abgedruckt waren. Die Wappen Georg II. und seiner Gemahlin Sophie Eleonore, Tochter des Kurfürsten Johann Georg I. von Sachsen, zieren das Torhäuschen am nördlichen Zugang zum Darmstädter Schloß. Sophie Eleonore teilte mit ihrem Gatten die Liebe zur Wissenschaft. Sie war eine große Bücherliebhaberin und hatte aus ihrer sächsischen Heimat eine stattliche Sammlung schöner Bücher mitgebracht und damit die Schloßbibliothek wesentlich bereichert. *„Von den Genealogien, Stammbäumen und Geschlechtsregistern fast aller hohen Kaiser, Könige, Chur- und -Fürsten in Europa haben Ihro Höchstselige Fürstliche Durchlaucht eine überaus große, fast unvergleichliche Wissenschaft und Erfahrung gehabt und waren darin vor andern gar sonderlich geübt"*, heißt es in einer Würdigung.

Darmstadt vor 1637. Aus Merians „Topographia Hassiae".

Ludwig VI.

* Darmstadt 25. 1./3. 2. 1630 ♛ 11./21. 6. 1661
† Darmstadt 24. 4./4. 5. 1678

Nach dem Tod Georg II. folgte ihm sein Sohn als Regent und Landgraf Ludwig VI., durch viele Weltreisen auf sein Amt vorbereitet. Einer solchen Reise nach den Niederlanden verdankt Darmstadt sein Glockenspiel, eines der ältesten in Deutschland. Die Anregung soll vom Glockenspiel auf dem Mainzer Dom gekommen sein, Vorbild wurde das Glockenspiel von Maastricht, das Ludwig 1669 eingehend besichtigt hatte. Berater war der Glockenspieler Salomon Verbeck aus Amsterdam. Den Guß der zunächst 28 Glocken besorgte Peter Hemony in Amsterdam, das Uhrwerk lieferte Peter Call von Nymwegen. Hemony fertigte auch den „Beyer-Stool", eine Klaviatur, um das Werk auch von Hand spielen zu können. Nach dem Willen des Stifters sollte das Glockenspiel „geistliche Lieder spielend als eine leblose Kreatur stündlich das Lob des Allmächtigen verkünden". Eine besondere Einweihungsfeier erfolgte nicht, aber Ende 1671 ist das Glockenspiel in Benutzung. Der Landgraf verfügte unter dem 30. Dezember 1671, daß alle Uhren – im Schloß, der Stadtkirche, Rathaus, Sprinzen- und Sporertor und Pädagog – „sich alleinig nach Unserer neu angeordneten Schloß- oder Glockenspiel-Uhr richten wollen". Auch Glockenläuten und Nachtwachen-Lärm sollten während des Glockenspiels unterbleiben.

Das Glockenspiel ist seinem Auftrag „Gott zur Ehre, der fürstlichen Residenz zur Zierde" bis zur Stunde treu. Nach der Zerstörung in der Brandnacht des 11./12. September 1944 erstand dank einer Bürgerinitiative bereits im Jahre 1951 wieder ein neues Glockenspiel. Mit einem Volkslied zur halben und einem Choral zur vollen Stunde und bei besonderen Anlässen auch Glockenspielkonzerten gehört das Glockenspiel ganz wesentlich zu unserer Stadt.

Der Glockenbau, 1664 kurz vor der Aufbringung der Glocken erbaut durch Johann Wilhelm Pfannmüller, trägt über dem Mittelportal die Wappen Ludwig VI. und seiner ersten Gemahlin, Maria Elisabeth Herzogin zu Holstein-Gottorp (1634–1665). Ihr überraschender Tod war für Ludwig, der mit ihr acht Kinder

---

Landgraf Ludwig VI. und seine erste Gemahlin Maria Elisabeth

hatte, Anlaß, seinen Sarg schon zu Lebzeiten in der Fürstengruft aufzustellen, beschriftet mit dem selbstverfertigten Vers: „Ich habe, bis ich hab hier meine Zeit vollbracht, gar viel und oftermal an meinen Tod gedacht, drum ich bei Lebenszeit, eh mich der Tod gefällt, mir meine Toden Kist auch selber hab bestellt…"

Das hinderte ihn freilich nicht, 1666 als zweite Gattin Elisabeth Dorothea, Prinzessin von Sachsen-Gotha (1640–1709), heimzuführen, mit der er auch acht Kinder hatte.

Es war Ludwig VI. vergönnt, sich ohne größere kriegerische Belastungen um die Wohlfahrt seines Landes zu kümmern. Abgabenfreiheit für Einwanderer, Schul- und Kirchenordnungen künden davon. Sein Interesse für Kunst und Wissenschaft zeigte sich in seiner Förderung der Hofbibliothek, als deren eigentlicher Gründer er gilt. Ludwig war auch Mitglied der „Fruchtbringenden Gesellschaft oder Palmenorden", der 1617 in Weimar gestifteten ersten und wichtigsten Sprachgesellschaft. Ihr gehörten Fürsten, adelige große Herren, Gelehrte und Schriftsteller an (u. a. der Große Kurfürst von Brandenburg, die Dichter Opitz und Gryphius). Pflege und Reinigung der Muttersprache, Übersetzung fremder Meisterwerke, Verfeinerung von vaterländischem Gefühl und Sitten waren die Ziele der Gesellschaft. Mit seiner Psalmenübersetzung „Der Psalter deß königlichen Propheten Davids in teutschem Reim der Opitzianischen Art gemäß verfaßt von 1657" und anderen Gedichten ist Ludwig VI. hervorgetreten.

Da Ludwig VI. Sohn aus erster Ehe, Ludwig VII. (* 22. 6. 1658, ♛ 24. 4. 1678, † Schloß Friedenstein 31. 8. 1678) auf der Reise zu seiner Braut Erdmuthe Dorothea von Sachsen-Zeitz auf Schloß Friedenstein an der Ruhr nach nur 18 Wochen und 4 Tagen Regierungszeit verstarb, übernahm Elisabeth Dorothea für zehn Jahre als Vormünderin für ihren Sohn und Thronfolger Ernst Ludwig die Regentschaft. Durch Landgräfin Elisabeth Dorothea wurde Darmstadts Ruhm als Musik- und Theaterstadt begründet.

Auf ihrem Weg von Gotha, einer Residenz mit bedeutender Musikpflege, wurde Elisabeth Dorothea schon unterwegs in Gießen, Butzbach und Frankfurt am Main empfangen und durch Musikanten begrüßt, ehe man tagelang in der Residenz Darmstadt die neue Landesmutter feierte. Höhepunkt der Festlichkeiten war das vom ehemaligen Prinzenerzieher, Kammerrat Johannes Mylius, verfaßte und von Mitgliedern der Hofgesellschaft und Pädagogschülern dargebotene „Glückwünschendes Schauspiel, so aus denen Geschichten des teuren Fürsten, Weyland Hrn. Ludwigen deß Sechsten dieses Namens, Landgrafen zu Thüringen und Hessen und dessen Gemahlin Fr. Elisabethen geborner Königlichen Prinzessin zu Ungarn zusammen getragen".

Landgräfin Elisabeth Dorothea

Das war der Auftakt zu jährlichen Geburtstagsspielen am Hofe, die teils von der Landgräfin erdacht oder auch geschrieben waren und die Theaterarbeit anregten. Daß das alte Reithaus 1670 zum Theater umgebaut wurde, um auch der Residenz Darmstadt seine Bühne zu schaffen, ergab sich wie selbstverständlich (München erhielt sein Theater 1654, Wien 1659, Dresden 1664).

In Carl Wolfgang Briegel (1626–1712) konnte Elisabeth Dorothea 1671 den Hofkapellmeister ihres Vaters und ihren Musiklehrer für Darmstadt gewinnen. Briegel zeichnete für die Einführung der Oper verantwortlich. Als Komponist weltlicher und geistlicher Musik, mehrerer Jahrgänge von Kantaten für die Gottesdienste der Hofkirche und als Herausgeber des „Großen Cantional oder Kirchengesangbuch, in welchem nicht allein D. Martin Luthers, sondern auch vieler anderer gottseliger Lehrer der christlichen Kirche geistreiche Lieder begriffen, mit sonderbarem Fleiß zusammengetragen, in gewöhnliche Melodyen gesetzt und auf vielfältiges Verlangen in Druck gebracht, Darmstadt Drucks und

Das Darmstädter Schloß von Süden. Aus
vier Platten zusammengesetzter Kupferstich
von Peter Rodingh, der von 1674 bis 1679
Hofmaler in Darmstadt war. Eine Platte
ist 1676 signiert, eine andere zeigt aber
bereits die fertigen Neubauten am
Schloßgraben und kann daher erst nach
1676 fertig geworden sein. Die Lücke
zwischen Kanzlei und Weißesaalbau ist
noch nicht geschlossen (nach Georg Haupt,
Die Bau- und Kunstdenkmäler der
Stadt Darmstadt).

Verlags Henning Müllers Fürstl. Buchdr. Im Jahr Christi 1687" hat Briegel den Grund gelegt für Darmstadts Ruf als Theater- und Musikstadt. Wenn noch heute in vielen Gesangbüchern innerhalb der protestantischen Kirchen der Welt über einer Melodie „Darmstädter Gesangbuch" zu lesen steht, dann handelt es sich um dieses bedeutende Werk Briegels.

Mit der Landgräfin Elisabeth Dorothea hatte Hessen-Darmstadt zehn Jahre eine sehr tatkräftige Frau als Regentin. Der Ausbau der Magdalenenstraße und des Birngartens (Alexanderstraße), Umbauten im Theater, die Neugestaltung des Herrngartens und eine wesentliche Erweiterung der Stadtkirche mit Anlage einer neuen Gruft sind ihr Werk. Verordnungen wenden sich gegen den Luxus bei Leichenbegängnissen, übermäßige Haartrachten ebenso wie gegen Disziplinlosigkeit der Chorknaben in Hof- und Stadtkirche. Die Frauen sollen nicht *„in kostbaren seidenen und taffeten Kleidungen, viel weniger in den neuen manteaux, Jacken, Haaraufsätzen und Krollen, kostbaren Spitzen, vielem Band, gefärbten hohen Schuhen und dergleichen Unnotwendigkeiten daher gehen oder einige neue Moden oder frembde ausländische Manier nachmachen, sonderlich der entblößten Hälse".*

Nach dem Regierungsantritt ihres Sohnes Ernst Ludwig im Jahre 1688 übersiedelte Elisabeth Dorothea nach dem Schloß Butzbach; dort ist sie 1709 verstorben.

Das kleine Land hatte für die nachgeborenen Prinzen keine ausreichenden Existenzen und angemessene Chargen; daher mußten auch vier Söhne aus der Ehe Ludwig VI. mit Elisabeth Dorothea außer Landes gehen und ihr Glück in der weiten Welt suchen. Die guten Beziehungen Hessen-Darmstadts zum Kaiserhaus waren der Karriere förderlich, der Übertritt zum katholischen Glauben war freilich unerläßlich. Prinz Georg (1669–1705) war Heerführer in kaiserlichen, dann spanischen Diensten, Vizekönig von Katalonien und im Jahre 1704 Miteroberer von Gibraltar für die Engländer. Sein Bruder Philipp (1671–1736) war Feldmarschall, auch Gouverneur in Mantua und verstarb in Wien. Beider Herzen hängen in Kapseln an der Decke der Gruft in der Darmstädter Stadtkirche. Heinrich (1674–1741) war mit seinem Bruder Georg an der Eroberung Gibraltars beteiligt, schied später aus dem Militärdienst aus und zog sich nach Butzbach zurück, wo er verstarb. Friedrich (1677–1708) war Domherr in Breslau, dann in Köln; später trat er in russische Dienste und brachte es unter Zar Peter dem Großen zum General. Alle vier Prinzen haben den hessischen Namen in der Welt bekannt gemacht.

Ernst Ludwig

* Schloß Friedenstein bei Gotha 15./25. 12. 1667
♚ 31. 8./10. 9. 1678 (bis zur Volljährigkeit 1688 unter der Vormundschaft seiner Mutter Elisabeth Dorothea) † Schloß Jägersburg 12. 9. 1739

Ernst Ludwigs Regierung begann unter ungünstigen Verhältnissen. Die Heere Ludwig XIV. von Frankreich drangen über den Rhein vor, nachdem sie unter General Melac Speyer, Worms und Heidelberg erobert und teilweise niedergebrannt hatten. Zweimal, 1691 und 1693, wurde Darmstadt gebrandschatzt und mit hohen Kriegslasten belegt. Vor den Eroberern brachte man das Glockenspiel nach Frankfurt am Main in Sicherheit; dort war es von 1693–1698 vergraben. Der Hof hatte sich nach Gießen in eine etwas sicherere Gegend abgesetzt. Die Rückkehr des Landgrafen 1698 wurde als „Friedensjubelfest" begangen. Hessische Truppen kämpften in der weiten Welt, so 1693 gegen die Türken und im Spanischen Erbfolgekrieg, angeführt von zwei Brüdern des Landgrafen, Prinz Heinrich und Prinz Georg, dem Eroberer von Gibraltar.
Das Selbstverständnis des Regenten änderte sich: Aus dem provinziellen Landesvater wurde der absolutistisch denkende und herrschende Souverän. Das Vorbild, das man nachahmte, war Ludwig XIV., Frankreichs „Sonnenkönig". Dem gesteigerten Repräsentationsbedürfnis mußten die Bauten entsprechen; deshalb entstand ein neues Schloß. Bei einem Besuch in Hannover machte Ernst Ludwig die Bekanntschaft des Baumeisters Louis Remy Delafosse und verpflichtete ihn 1714 nach Darmstadt, wo er bis zu seinem Tode 1726 wirkte. Mit großen Vollmachten ausgestattet und der von den Ständen bewilligten Summe von 300000 Gulden konnte Delafosse ein Viertel der Planung für das neue Schloß verwirklichen. Teile standen Jahrzehnte im Rohbau. „Hier hätte ich mit allen neun Kurfürsten vollkommen Platz", soll Kaiser Joseph II. (1765–1790) beim Anblick ausgerufen haben.
Außer dem Schloß mit seiner imponierenden Marktfront stammen von Delafosse auch das „Komödienhaus", das Orangeriegebäude in Bessungen (bekannt als Notbühne für das Landestheater von 1945–1972), das Prettlacksche Haus mit dem Prinz-Georg-Garten und das Portal der Schloßkirche. Da der durch das Hamburger Vorbild beabsichtigte Bau eines neuen Opernhauses auf Widerstand des leitenden Beamten Kametzky stieß, mußte sich Ernst Ludwig mit einem zweiten Umbau der bereits 1660 zum Theater gewordenen ehemaligen Reithalle zufriedengeben. Das geschah durch Delafosse 1710/11 für 6732 Gulden. Das Theater hatte Raum für 350 Zuschauer und nach dem

Landgraf Ernst Ludwig. Gemälde von Johann Christian Fiedler im Schloßmuseum Darmstadt

Urteil Johann Heinrich Mercks „in allen Stücken eine gute Proportion". Nach Eröffnung des „Großen Hauses" 1819 wurde es nur noch gelegentlich bespielt. Von 1921 bis zur Zerstörung 1944 war es als „Kleines Haus" zweite Spielstätte. (Heute steht dort das TH-Zentrum mit Verwaltung und Auditorium Maximum der Technischen Hochschule.)

Die Bautätigkeit Ernst Ludwigs war nicht allein auf Darmstadt beschränkt, der fürstliche Bauherr benötigte als leidenschaftlicher Jäger Jagdhöfe. Solche entstanden nun in Mönchbruch bei Groß Gerau, Wolfsgarten bei Langen und auch an anderen Orten inmitten des Gebietes für die Parforcejagden. Diese bereits in der Antike und im Mittelalter geübte Jagdart, die Hetze eines Hirsches zu Pferde mit Hilfe starker Hundemeuten über weite Strecken (hauptsächlich in Darmstadts Umgebung, dem Wildpark Kranichstein), war durch Ernst Ludwig aus Frankreich 1708 am Darmstädter Hof eingeführt worden. Er wie auch dann sein Sohn Ludwig VIII. betrieben diese Jagdart mit einer Leidenschaft, die den Beteiligten höchstes Vergnügen, den betroffenen Gegenden samt Bewohnern schlimmste Belastungen bereiteten.

Im Jagdschloß Kranichstein mit seinen Sammlungen von Jagdbildern, Jagdutensilien und Geweihen, hauptsächlich aus der Zeit Ludwig VIII., haben wir ein in dieser Art einmaliges Museum. Hierbei sei auf Gisela Sieberts Bücher „Jagd und Jagdhäuser in Hessen-Darmstadt" und „Kranichstein" verwiesen.

Die großen Bauprojekte in der Residenz wie in den Jagdgebieten, hohe Ausgaben für Gebietserweiterungen, Abfindungssummen zwecks Beilegung von Gebietsstreitigkeiten sowie Kriegskosten vermehrten die Schuldenlast von 2 Millionen Gulden bei Regierungsantritt auf 4 Millionen bei Regierungsende.

Unter Ernst Ludwig erwuchsen dem bis dato konfessionell einheitlichen Land neue Religionsprobleme: Um ihres evangelischen Glaubens vertriebene Franzosen, „Hugenotten" genannt, baten um Aufnahme. Aus Angst vor den Franzosen und vor dem lutherischen Konsistorium war man anfänglich abweisend. Als dann auch Waldenser kamen, Glaubensflüchtlinge aus dem französisch-italienischen Grenzgebiet, war mehr Bereitschaft zur Aufnahme vorhanden. Nachdem ein bei der Landesuniversität in Gießen eingeholtes Gutachten den Flüchtlingen konfessionelle Unbedenklichkeit bescheinigte, sofern Loyalitätspflicht gegenüber dem Landesfürsten und dem herrschenden Bekenntnis zugesagt wird, erhielten die Waldenser mit Privileg vom 26. 9. 1688 in einigen Gebieten des Landes Aufnahme. So entstanden die Waldensergemeinden in Rohrbach, Wembach, Hahn und Walldorf, die nicht nur ihre Namen, sondern auch ihr eigenständiges kirchliches Erbe bis heute hochgehalten haben.

Ein beim Sturm der Festung Neuhäusel gefangengenommener und nach Darmstadt verbrachter dreizehnjähriger Türkenknabe wurde getauft. Dieses

Ereignis war so außergewöhnlich, daß Landgraf und Landgräfin, Präsident Weyprecht von Gemmingen und Superintendent Wild die Gevatterstelle übernahmen. Bei dieser Türkentaufe am 15. Juni 1690 wurde ein von Marschall Heinrich Ludwig von Bobenhausen gestiftetes silbernes Taufbecken erstmals benutzt; dieses Taufbecken ist auch heute noch in der Stadtkirche in Gebrauch. Den Juden gewährte Ernst Ludwig 1695 freie Religionsausübung, was nicht daran hinderte, in Judenkonventen Bekehrungsversuche zu unternehmen. Es fanden sich auch Anlässe, zeitweilig katholische Gottesdienste zuzulassen. Mit den meisten protestantischen Fürsten nimmt auch Ernst Ludwig ab 1700 den Gregorianischen Kalender an. Somit endete diese doppelte Berechnung nach dem Julianischen und Gregorianischen Kalender, einem Zeitunterschied von 10 bzw. 11 Tagen Zuschlag für den letzteren.

Ernst Ludwig, der fürstliche Bauherr und Jagdliebhaber, war auch ein Freund und Förderer der Oper. Er besaß in Hamburg ein Haus, wo er sich zum Besuch der Opernaufführungen gern aufhielt. Im Hamburger Orchester waren Georg Friedrich Händel als Violinist und seit 1706 Christoph Graupner als Klavierspieler engagiert. Im Jahre 1709 verpflichtete Ernst Ludwig Graupner nach Darmstadt, zunächst noch einige Jahre unter Briegel als Vicekapellmeister, bis er seine Nachfolge antreten konnte. Mit Graupner wurde in Darmstadt neben der italienischen und französischen auch die deutsche Oper heimisch. Zehn Jahre währte diese große Blütezeit der Oper des Hochbarock, bis die finanziellen Verhältnisse diese so hoffnungsvoll begonnene Arbeit fast ganz zum Erliegen brachten. Für Graupner bedeutete dies, sich hauptsächlich auf die Komposition von Kirchenkantaten zu verlegen; viele Jahre hindurch hatte er für jeden Sonntag eine eigene Kantate geschaffen. Die Texte hierzu lieferte 25 Jahre lang sein Schwager Johann Conrad Lichtenberg (1689–1751), Pfarrer in Neunkirchen, Ober Ramstadt – hier kam 1742 sein berühmter Sohn Georg Christoph zur Welt, Physikprofessor in Göttingen und Schriftsteller –, Erster Stadtpfarrer und zuletzt Superintendent in Darmstadt. Johann Conrad Lichtenberg betätigte sich auch eifrig als Baumeister; viele Kirchenneu- und -umbauten in der Umgebung von Darmstadt sind sein Werk. Auch für das Darmstädter Waisenhaus, den Altbau des 1944 zerstörten Ludwig-Georgs-Gymnasiums, schuf Lichtenberg die Pläne.

Von Christoph Graupner sind 1418 kirchliche und 24 weltliche Kantaten, 113 Sinfonien, 84 Orchestersuiten, 50 Konzerte, teils Solokonzerte, viel Kammer- und Klaviermusik und das zuerst 1728 gedruckte Choralbuch erhalten (lt. Friedrich Noack). Nur weil Ernst Ludwig ihn 1723 nicht freigab, mußte er seine neben Johann Sebastian Bach aussichtsreiche Bewerbung für das Thomaskantorat in Leipzig zurückziehen.

Es muß noch erwähnt werden, daß Ernst Ludwig zum Nutzen der Untertanen 1724 die Prozeßordnung und 1726 die „Peinliche Gerichtsordnung" erließ. Mit „Höchstfürstlichem Gnädigstem Privilegio" erschien 1738 das „Darmstädter Frag- und Anzeigungs-Blättgen zu finden bey Gottfried Heinrich Eylau, Hofbuchdrucker", die erste Darmstädter Zeitung, eine der ältesten deutschen überhaupt, aus der später das „Darmstädter Tagblatt" hervorgegangen ist. Die Zeitung veröffentlichte amtliche Verlautbarungen und geschäftliche Anzeigen. Ernst Ludwig hatte aus seiner Ehe mit Dorothea Charlotte, Markgräfin von Brandenburg-Ansbach (1661–1705), fünf Kinder und aus einer morganatischen Ehe (1727) mit Luise Sophie Freiin Spiegel zu Desenberg, Witwe des Grafen von Freyen-Seibelsdorf, zwei Töchter, die den Namen Gräfinnen von Eppstein erhielten.

An Jubiläen mangelte es in der langen Regierungszeit Ernst Ludwigs nicht: 1707 Hundert Jahre Universität Gießen, 1729 Hundert Jahre Pädagogium zu Darmstadt und 1738 das sehr festlich begangene 50jährige Regierungsjubiläum Ernst Ludwigs, ein Jahr vor seinem Tod.

Ludwig VIII.   * 5./15. 4. 1691 ♔ 12. 9. 1739 † 17. 10. 1768

Ludwig VIII. ist als der große Jäger unter den Landgrafen von Hessen-Darmstadt in die Geschichte eingegangen. Solange es ein Jagdschloß Kranichstein und das dort eingerichtete – erstmals am 19. September 1918, dann nach Übergang des gesamten Besitzes an die Stiftung Hessischer Jägerhof am 25. Juni 1953 wiedereröffnete – Jagdmuseum gibt, kann Ludwig VIII. nicht vergessen werden. Landgraf Ludwig VIII. hielt sich mit Vorliebe im Jagdschloß Kranichstein auf, wenn er gerade nicht seiner Leidenschaft, der Parforcejagd, in Oberhessen oder im Hessischen Hinterland (Biedenkopf, Battenberg) frönte. Der Besucher erhält heute im zum Jagdmuseum hergerichteten Schloß eine ausgezeichnete Veranschaulichung der Jagdpraxis des 18. Jahrhunderts. Außer den einstigen Jagdutensilien zieren das Museum ein Fülle von Jagdbildern. Der Landgraf hatte in seinem Gefolge besondere Hofjagdmaler, die Jagdszenen, Kapitalhirsche, Sauhatz, Fasanenjagd im Bilde festzuhalten hatten. Die bedeutendsten dieser Maler waren Georg Adam Eger (* 1727, 1748 in Darmstadt angestellt, 1768 nach dem Tode des Landgrafen entlassen, später noch in Schwäbisch Hall nachweisbar) und Johann Georg Stockmar (seit 1742 in Darmstadt nachweisbar, † 1759 in Pirmasens). Ihnen und auch anderen Malern verdanken wir auch die Darstellungen der Jagdschlösser. Ein Jagdskizzenbuch ließ Ludwig VIII. ebenfalls führen.

Als Erinnerungsstücke für die Jagdgäste sowie zur Belohnung und zum Ansporn für die Jagdbediensteten ließ Ludwig VIII. eigens Medaillen schlagen, goldene „Hirschdukaten" – mit der Umschrift „Durch die Ducaten ward ich verrathen" – und silberne „Sau-gulden" – mit der Umschrift „Geld verbindet, sucht und findet". Der stärkste Hirsch, der je in den Wäldern von Hessen-Darmstadt, im Forst von Battenberg, gejagt wurde, der sogenannte „Battenberger" im Jahre 1763, wurde in einem Hirschtransportwagen in den Darmstädter Wildpark gebracht; seine Abwurfstangen aus den folgenden Jahren sind eine besondere Sehenswürdigkeit der Geweihsammlungen.

Landgraf Ludwig VIII. und Jagdschloß Kranichstein. Kolorierter Holzstich nach alten Vorlagen von Carl Beyer

Wegen seines Humors, seiner Leutseligkeit und Freigebigkeit war der Landgraf bei seinen Jagdgefährten beliebt. Weniger erfreut waren, weil für die entstandenen Schäden nicht entschädigt, die Bewohner der Gebiete, durch die die Hetzjagden mit Hundemeuten englischer Herkunft und bisweilen bis zu hundert berittenen Jägern gingen. Diese Meuten trieben den Hirsch vor sich her, bis er, umzingelt, den tödlichen Schuß durch den Jagdherrn, den Landgrafen, erhielt. Matthias Claudius, der es 1776/77 als Oberlandcommissarius und Redakteur nur kurz in Darmstadt aushielt – Lokalpatrioten möchten sein bekanntestes Lied „Der Mond ist aufgegangen" im Darmstädter Wald entstanden wissen –, bittet in einem *„Schreiben eines parforce-gejagten Hirschen an den Fürsten, der ihn parforce-gejagt hat, ihn doch künftig mit Parforcejagd zu verschonen. Ew. Hochfürstl. Durchlaucht sollte nur einmal parforcegejagt sein, so würde sie meine*

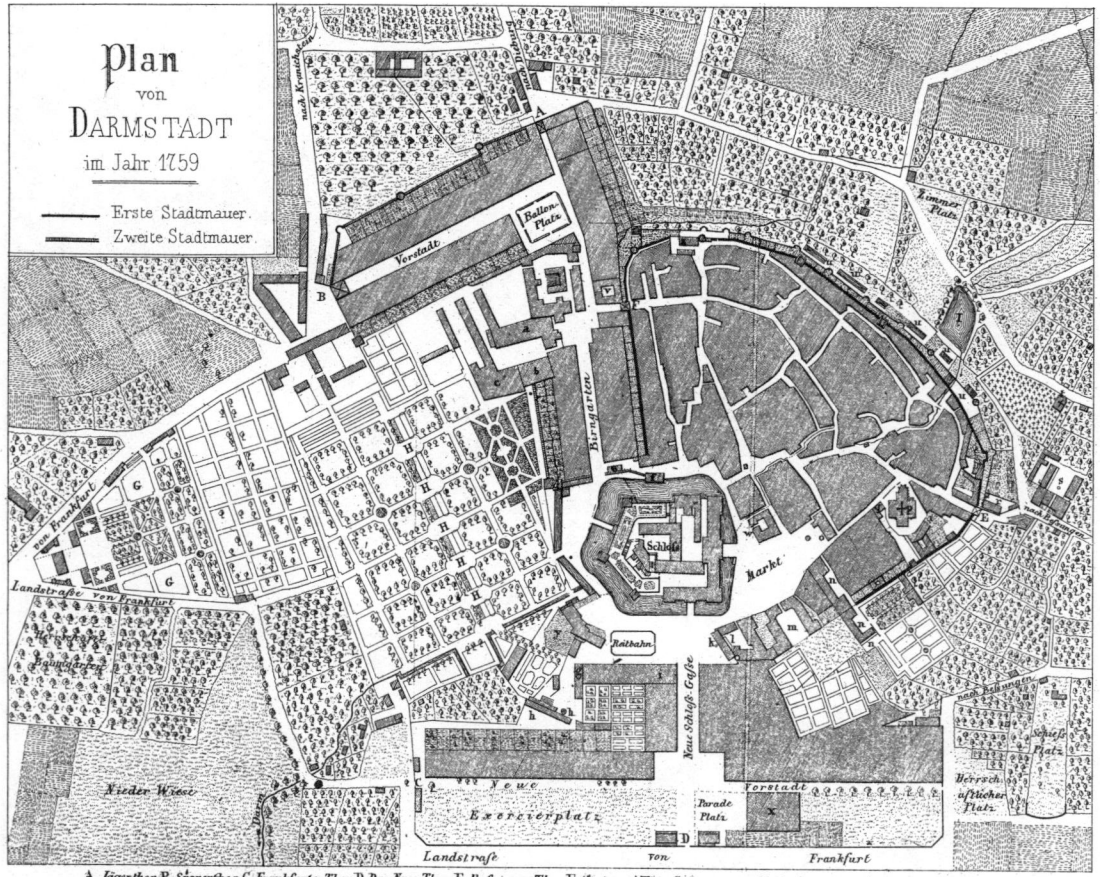

A. Jägerthor. B. Sporerthor. C. Frankfurter Thor. D. Das Neue Thor. E. Beßunger Thor. F. Springer Thor. G. Lustgarten. H. Küchengarten. I. Kleiner Woog. a. Obermarstall. b. Reithaus. c. Comödienhaus. d. Schlachthaus. e. Hofschlosserei. f. Waschhaus. g. Untermarstall. h. Stallung. i. Französ. Jagdhaus. k. Parforcestall. l. Kanzlei. m. Herrnhaus. n. vormals Kametzky's Haus u. Garten. o. Rathhaus. p. Stadtkirche. q. Superintendur. r. Hospital. s. Waisenhaus. t. Kapelle. u. Teichhaus u. Teiche. v. vorm Peresius'sches Haus. w. Landgraf Johannes Haus. x. vorm. Brandsches Posthaus. y. Büschgarten. z. Stockhaus u. Spinnhaus.

Bitte nicht unbillig finden… Wie können Ihre Durchlaucht es doch übers Herz bringen, ein armes, unschuldiges Tier, das sich von Gras und Kräutern nährt, zu Tode zu jagen? Lassen Sie mich doch lieber tot schießen, so bin ich kurz und gut davon…"

Auch Pfarrer machten sich in Predigten zu Anwälten der durch die Parforcejagd geschädigten Bevölkerung. Mit Ludwig VIII. Tod verliert die Jagd ihre beherrschende Stellung.

Ludwig VIII. ist auch als der große Verehrer der Kaiserin Maria Theresia (* 1717, Kaiserin 1740–1780) und Förderer österreichischer Politik in die Geschichte eingegangen, „ihr treuester Freund und Vasalle und letzter Grandseigneur", wie sie ihn bezeichnet hat.

Wegen der in der „Pragmatischen Sanktion" verfügten weiblichen Thronfolge Maria Theresias machten einige Länder Erbansprüche auf Österreich geltend, die sie – freilich vergeblich – mit Waffengewalt hofften durchsetzen zu können. Seine Zuneigung zu Maria Theresia konnte Ludwig durch militärische Unterstützung beweisen im Österreichischen Erbfolgekrieg (1740–1748) und in den drei Schlesischen Kriegen (1740–1742, 1744/45 und 1756–1763), durch die der Preußenkönig Friedrich II. Schlesien seinem Lande einverleibte. Die Ernennung Ludwig VIII. zum österreichischen Generalfeldmarschall im Jahre 1741 war ihre Anerkennung. Später konnte sich die Kaiserin noch einmal erkenntlich zeigen: Dank ihrer Fürsprache konnte sie der über die Maßen verschuldeten Landgrafschaft die drohende Exekutionskommission des Reichshofrats und dadurch den Landesbankerott fernhalten.

Während Ludwig VIII. habsburgisch gesinnt war, war sein Sohn, der spätere Landgraf Ludwig IX., Freund und Parteigänger des Preußenkönigs als preußischer General in Prenzlau. Nur widerstrebend entsprach er dem väterlichen Wunsch und schied bei Ausbruch des Siebenjährigen Krieges 1756 aus preußischen Diensten aus.

Die Anhänglichkeit Ludwig VIII. an Maria Theresia und ihre Familie kam nochmals besonders eindrucksvoll zum Ausdruck in dem Fürstentreffen bei Heusenstamm am 29. März 1764.

Auf dem Weg Joseph II. (* 1741, Kaiser 1765–1790) nach Frankfurt am Main zur Krönung zum römisch-deutschen König war mit ihm und dem ihn begleitenden Vater, Kaiser Franz I. (* 1708, vermählt 1736 mit Maria Theresia, deutscher Kaiser von 1745–1765), ein Treffen mit Landgraf Ludwig VIII. vereinbart. Dieser hatte einst 1745 dem Erzherzog Franz das Dekret der Kurfürsten, die ihn zum Kaiser gewählt, nach Heidelberg überbracht und dafür bei der Krönung einen Brillantring mit dem Bild Maria Theresias und einen auf 7000 Gulden geschätzten Degen erhalten.

Außer einer Medaille, die Ludwig hat prägen lassen, hat Johann Wolfgang von Goethe in „Dichtung und Wahrheit" im Fünften Buch im Zusammenhang der Krönungsschilderung das Treffen in Heusenstamm beschrieben:

„Es war nämlich verabredet worden, daß unterwegs, zwischen Heusenstamm und jenem großen Gezelte, Kaiser und König den Landgrafen von Darmstadt im Wald antreffen sollten. Dieser alte, dem Grabe sich nähernde Fürst wollte noch einmal den Herrn sehen, dem er in früherer Zeit sich gewidmet. Beide mochten sich jenen Tages erinnern, als der Landgraf das Dekret der Kurfürsten, das Franzen zum Kaiser erwählte, nach Heidelberg überbrachte, und die erhaltenen kostbaren Geschenke mit Beteuerung einer unverbrüchlichen Anhänglichkeit erwiderte. Diese hohen Personen standen in einem Tannicht, und der Landgraf, vor Alter schwach, hielt sich an eine Fichte, um das Gespräch noch länger fortsetzen zu können, das von beiden Teilen nicht ohne Rührung geschah. Der Platz ward nachher auf eine unschuldige Weise bezeichnet, und wir jungen Leute sind einigemal hingewandert." Kaiser Franz soll bei dieser Begegnung Ludwig VIII. „seinen besten Freund" genannt haben.

Die bedeutendste Erwerbung, die Ludwig VIII. Hessen-Darmstadt einbrachte, waren die linksrheinischen Gebiete der Grafschaft Hanau-Lichtenberg. Durch die Vermählung mit Charlotte (1700–1726), der einzigen Tochter des Grafen Johann Reinhard von Hanau, war eine gewisse Anwartschaft gegeben. So fiel 1736 die Grafschaft Hanau-Münzenberg an Kassel, Hanau-Lichtenberg an Darmstadt. Um das Gebiet des Amtes Babenhausen währte noch jahrzehntelang ein Streit, bis dieser 1771 endgültig weitgehend zu Gunsten Darmstadts entschieden wurde.

„Ganz unverhofft", wie eine zu diesem Anlaß geprägte Medaille auf dem Avers und einem seinen Inhalt ausleerenden Füllhorn auf dem Revers besagt, wurde Hessen-Darmstadt Besitzer der zehn im Elsaß unter französischer Hoheit liegenden Ämter Brumath, Buchsweiler, Hatten nebst Kuttenhausen und Wörth, Staab, Offendorf, Ingweiler, Pfaffenhofen, Westhofen und Wolfisheim, der Ämter Lichtenau und Willstätt diesseits des Rheins und Lemberg. Die Erbschaft hatte Graf Johann Reinhard seinem Enkel Ludwig IX. vermacht. Dieser trat, nachdem er volljährig geworden war, 1741 die Herrschaft an, die bis 1792 währte. Residenz war Buchsweiler, später Pirmasens, dem seine Rechte als Regierungssitz verblieben. Die hanauischen Lande wurden als Privatbesitz des Landgrafen angesehen, der Ertrag floß in die fürstliche Kasse.

Ludwig VIII. starb 1768, im 78. Lebensjahr, bei einer Opernaufführung, als der sterbende Schauspieler die Worte „Gott sei meiner Seele gnädig" sprach und der Vorhang fiel.

Ludwig IX.   * Darmstadt 15. 12. 1719  in Hanau-Lichtenberg 1741, in Hessen-Darmstadt 17. 10. 1768 † Pirmasens 6. 4. 1790

Ludwig IX. kam im Unterschied zu seinem Vater früh zum Regieren. Noch zu Lebzeiten hatte sein Großvater mütterlicherseits, der Graf Johann Reinhard von Hanau (1688–1736), bestimmt, daß der Enkel als Erbe des Hanau-Lichtenberger Gebiets zusammen mit seinem Bruder Georg Wilhelm (1722–1781, zuletzt General beim Reichsheer) am dortigen Regierungssitz in Buchsweiler bereits Wohnung nehmen solle, was im Jahre 1735 auch erfolgte.

Buchsweiler muß damals wegen seines Schlosses und den sie umgebenden Gartenanlagen eine entzückende Residenz gewesen sein, wenn man ihm den

Landgraf Ludwig IX. Gemälde von Antoine Pesne im Schloßmuseum Darmstadt

43

Das Schloß in Buchsweiler. Nach einem Stich von Fréd. Lutz

Namen „Klein Versailles" beilegte. Auf Goethe, als Straßburger Student (1770/71), muß der Ort Eindruck gemacht haben, denn im 10. Buch von „Dichtung und Wahrheit" schrieb er: „*Dieses Städtchen war der Hauptplatz der Grafschaft Hanau-Lichtenberg, dem Landgrafen von Darmstadt unter französischer Hoheit gehörig. Eine daselbst angestellte Regierung und Kammer machten den Ort zum bedeutenden Mittelpunkt eines sehr schönen und wünschenswerten fürstlichen Besitzes. Wir vergaßen leicht die ungleichen Straßen, die unregelmäßige Bauart des Orts, wenn wir heraustraten, um das alte Schloß und die an einem Hügel vortrefflich angelegten Gärten zu beschauen. Mancherlei Lustwäldchen, eine zahme und wilde Fasanerie und die Reste mancher ähnlichen Anstalten zeigten, wie angenehm diese kleine Residenz ehemals müsse gewesen sein.*"

Die französische Revolution hat all diese Herrlichkeiten vernichtet, zumal kurz danach (1792) auf dieses Gebiet zugunsten Frankreichs verzichtet werden mußte. Heute erinnern in Buchsweiler nur noch wenige Baudenkmäler an diese seine bedeutende Zeit; man erkennt noch am Schloßplatz, den heute ein Lyzeum beherrscht, die alte Anlage, einige Reste der Stallungen sind erhalten, man ahnt den Verlauf der Gartenanlagen. In der Evangelischen Kirche hält ein Grafenstuhl mit dem Herrschaftswappen die Erinnerung an die hanauer und hessische Zeit fest. Sonst ist Buchsweiler heute ein typisches kleines elsässisches Städtchen mit winkeligen Gassen und vielen schönen alten Fachwerkhäusern.

In dieses Buchsweiler zog auch bald – 1741 – als Gattin Ludwigs Henriette *Caroline* Christiane Louise (* Straßburg 9. 3. 1721, † Darmstadt 30. 3. 1774) ein, älteste Tochter des Herzogs Christian III. von Pfalz-Zweibrücken-Birkenfeld und seiner Gemahlin Caroline, geborene Gräfin von Nassau-Zweibrücken. Sie ist als die „Große Landgräfin" in die Geschichte eingegangen und ihr Nachruhm hat den ihres Gatten sehr erheblich überstrahlt.

Wie bedeutend und auch als Persönlichkeit nachwirkend diese Frau war, kam anläßlich der 250. Wiederkehr ihres Geburtstags in Darmstadt sehr nachdrücklich und anschaulich zum Ausdruck: mit einer Ausstellung im März 1971 im Schloßmuseum, einer Gedenkstunde im Georg-Moller-Haus und einer Musizierstunde mit zeitgenössischer Musik in den Räumen des Schlosses, die Caroline einst bewohnt hat. Es gereicht I. K. H. Prinzessin Margaret von Hessen und bei Rhein – in ihrem Bemühen um weltweite Verständigung und Humanität der großen Landgräfin nicht unähnlich – zu großer Ehre und vielen zum Gewinn, daß sie es als Sachwalterin des fürstlich-hessischen Erbes versteht, diese bedeutende Vergangenheit immer wieder neu für Gegenwart und Zukunft fruchtbar zu machen. Sie wird dabei unterstützt vor allem von den Herren Ernst Hofmann (†), Dr. Walter Gunzert und Dr. Volker Illgen. Die Anstöße, für die Darmstädter, sich immer wieder mit ihrer Geschichte zu befassen, sind förderlich. Die Schriften, die dadurch entstehen – z. B. Walter Gunzert: „Henriette Caroline. Persönlichkeit und Umwelt einer berühmten Darmstädterin am Vorabend der europäischen Revolution" –, sind über den Anlaß der Entstehung hinaus von bleibendem Wert.

Der Vollständigkeit halber sei vermerkt, daß auch zum 250. Geburtstag Ludwig IX. im Jahre 1969 mit einer Ausstellung im Schloßmuseum gewürdigt wurde.

Am 12. August 1741 hatten Ludwig und Caroline in Zweibrücken geheiratet; die Verbindungen waren durch Besuche Ludwigs in Bergzabern und Gegenbesuche in Buchsweiler entstanden. Es waren nur wenige Jahre, da beide in Buchsweiler zusammen lebten, Ludwig zog es nach Preußen zu Friedrich II., in dessen Dienste er als Generalmajor und Kommandeur des Regiments von Selchow trat mit Wohnsitz in Prenzlau in der Uckermark. Den Ersten und Zweiten Schlesischen Krieg erlebte er dort mit, ehe er sich auf Drängen des österreichisch gesinnten Vaters Ludwig VIII. nur sehr widerstrebend in sein Land zurückbegab. Doch war es nicht mehr Buchsweiler, wo Caroline von 1741–1746 kinderlos und auf den Umgang mit einer Gesellschaftsdame beschränkt ihre Tage verbracht hatte, sondern Pirmasens, das Ludwig, nach preußischem Vorbild zu seiner Soldatenkolonie ausbaute.

Ihre oft einsamen Tage verbrachte Caroline in der Beschäftigung mit französischer und deutscher Literatur, mit eifriger Pflege der Musik, mit Wanderungen in der schönen Natur und mit Briefeschreiben, vor allem an ihre Mutter und ihren Gatten. Die vielen Monate, die sie alleine zubringen mußte – weil sie nach einem Tagebucheintrag ihres Gatten *„von den 32 Ehejahren, die sie vermählt waren, nur 14 zusammen, 18 aber getrennt lebten, sie ihm in dieser Zeit 2555 Briefe geschrieben hat"* –, machten Caroline zur großen Briefeschreiberin. Dabei galt ihre Liebe *„zunächst Gott und Vaterland, ihrer Mutter und der übrigen Familie und erst dann ihrem Gemahl"*, wie sie einmal zum Ärger ihres Gatten erklärt hatte.

Die Hessische Landes- und Hochschulbibliothek in Darmstadt verwahrt den Katalog der Bibliothek der Landgräfin sowie die teilweise noch erhaltenen Bestände. Durch ihre Briefe wissen wir, daß sie ihre Bücher leidenschaftlich und kritisch gelesen hat. Interessant ist, daß ihre Bibliothek reich war an „verbotener" und „öffentlich verbrannter" Literatur, die sie auch von einem Frankfurter Buchhändler bezog, von dem 1766 der kaiserliche General-Fiskal und Bücherkommissarius Birkenstock in Wetzlar berichtete: *„In Frankfurt ist es jedermann gar wohlbekannt, daß bey Eßlinger aller Arten verbottener Bücher käuflich zu haben..."* Durch den starken Anteil französischer oder ins Französische übertragener Literatur wird schon rein äußerlich der entscheidende Einfluß des Französischen auf deutsche Fürstenhöfe im 18. Jahrhundert sichtbar.

Caroline liebte es, mit einer seltenen Ausdauer zu Fuß oder zu Pferde die schöne Umgebung zu durchstreifen. Einen solchen Ausflug beschreibt sie einmal so: *„Gestern bin ich von 6 Uhr morgens in den Wäldern und auf den Bergen herumgelaufen. Ich kam mir vor wie die Ceres, welche die Prosperina sucht. Der Unterschied war nur der, daß ich nichts suchte. Ich hatte Fräulein von Göllnitz bei mir und einen kleinen Jungen von 13 Jahren, ein Soldatenkind, welches uns begegnet war und nun unsern Führer machte. Er ließ mich auf Höhen klettern, die eigentlich nur für Gemsen zugänglich sind."*

Einen völlig anderen Charakter hatte die Residenz, die sich Ludwig auswählte und nach seinen Neigungen gestaltete: Pirmasens. Der Ort, der anfänglich aus 34 Häusern bestand, wuchs durch die Bevorzugung des Landgrafen derart, daß er im Jahre 1789 fast siebentausend Einwohner und 750 Häuser zählte. Hier schuf sich Ludwig seine Regimenter, hier entstand seine Militärkolonie, hier frönte er seiner bis ins Bigotte gehenden Leidenschaft für das Soldatenhandwerk. Hier konnte er es, weil Pirmasens (vorher Lemberg) nicht mehr auf französischem Hoheitsgebiet lag.

Die Stadt lag an einem Berghang, in der Mitte erhob sich das Residenzschloß, von mehreren Pavillons umgeben. In einem der Zimmer, dessen Leinwandtapeten Abbildungen von Soldaten enthielten, wohnte der Landgraf. Nahe beim

Schloß Pirmasens mit Parade. Nach einem Gemälde von Johann Michael Petzinger

Schloß lagen die Hauptwache, das Rathaus und Exerzierhaus. Letzteres war so geräumig, daß darin 1000 Soldaten gleichzeitig exerzieren konnten. Die Stadt war von einer Mauer umgeben, vor allem auch, um die nicht immer freiwillig dienenden Soldaten am Desertieren zu hindern. Nahe bei beiden Stadttoren waren Schildwachen aufgestellt, deren Kontrolle und Ablösung bei den Bürgern immer großes Interesse fand. Besondere militärische Schauspiele waren die große Staatsparade, die Kirchenparade, die Ankunft des Geldwagens aus Darmstadt und der Zapfenstreich. Um Mitternacht wurde ein besonderer Marsch, der „Scharwachenmarsch" getrommelt. Er soll seinen Ursprung darin gehabt haben, daß einst bei der Belagerung Wiens durch die Türken eine Überrumpelung der Stadt dadurch verhindert wurde, daß eine Hessen-Darmstädtische Trommel sich von selbst gerührt habe. Das habe die Garnison rechtzeitig alarmiert.

Ein Besucher von Pirmasens zur Zeit seiner höchsten militärischen Blüte anno 1789 berichtete: *„Hier in Pirmasens bin ich wie in eine ganz neue Welt versetzt, unter eine zahlreiche Kolonie von Bürgern und Soldaten, die kein Reisender auf einem so öden und undankbaren Boden suchen würde. Alles um mich her wimmelt von Uniformen, blinkt von Gewehren und tönt von kriegerischer Musik.*

47

Der Landgraf wohnt in einem wohlgebauten Hause, das man weder ein Schloß noch ein Palais nennen kann und genaugenommen nur aus einem Geschoß besteht. Nahe bei demselben, nur etwas höher, liegt das Exerzierhaus. Hier nun exerziert der Fürst täglich sein ansehnliches Grenadierregiment, das aus 2400 Mann bestehen soll. Schönere und wohlgeübtere Leute wird man schwerlich beisammen sehen. Allerlei Volk von mancherlei Zungen und Nationen trifft man unter ihnen an, die freilich auf die Länge nicht so zusammen bleiben würden, wenn sie nicht immer in die Stadt eingesperrt wären und Tag und Nacht von umherreitenden Husaren bewacht würden... An dem 25. August, als dem Namensfest des Landgrafen, ist jährlich Hauptrevue, und dann wimmelt es in Pirmasens von auswärtigen Offizieren und anderen Fremden, die teils aus Frankreich, Zweibrücken, der Unterpfalz, Hessen und anderen Ländern hierher reisen. Den Landgrafen habe ich auch in aller Tätigkeit dabei gesehen. Mit spähendem Blick befand er sich bald auf dem rechten, bald auf dem linken Flügel, bald vor dem Zentrum, bald in den hinteren Gliedern. Alles war geschäftig an ihm, und er scheint mit Leib und Seel Soldat zu sein... In seinem Hause und in seinen Zimmern erblickt man wenig Pracht, man glaubt sich bei einem kampierenden General im Felde zu sein, überall leuchtet die Lieblingsneigung des Fürsten hervor."

Die Bibliothek des Landgrafen Ludwig IX. war – im Gegensatz zu der der Landgräfin – mit literarischen, philosophischen sowie rechts- und staatswissenschaftlichen Werken schwach bestückt, wurde jedoch vom Reichtum an Werken zur Kriegswissenschaft überragt; nimmt man dazu, was er an Atlanten, Karten, Plänen, Ansichten, Zeichnungen und Handschriften besaß, dann bietet sich uns eine Fachbibliothek dar, die vor kritischen Augen bestehen konnte und den militärischen Interessen des Fürsten vortrefflich diente.

Es verwundert nicht, daß der Landgraf, der seine Soldaten am liebsten selbst kommandierte und für alle militärischen Bereiche Instruktionen gab, auch Militärweisen komponierte, bisweilen gegen 300 an einem Tag. Kapellmeister mußten parat stehen, um die Märsche in Noten zu setzen, die der Landgraf mit zwei Fingern auf dem Klavier vorspielte. Bei der mit 52365 angegebenen Anzahl von Märschen handelt es sich freilich nur jeweils um wenige Takte. Ludwig IX. kann für sich den Ruhm in Anspruch nehmen, „der beste Trommelschläger im ganzen Heiligen Römischen Reiche" gewesen zu sein. Durch viele Anekdoten ist der „Trommler von Pirmasens" in Erinnerung geblieben, besonders in der Stadt, die ihm den Aufschwung verdankt. So lag es auch nahe, daß er sich in der Pirmasenser Garnisonskirche bestatten ließ, in einer eigens für ihn angelegten Gruft.

Daß Landgräfin Caroline bei ihren völlig anders gearteten Neigungen nur selten, und dann sehr ungern, den Gatten in Pirmasens besuchte, wundert nicht. „*Das Leben hier*" (in Pirmasens), schreibt sie, „*ist weniger noch als Vegetieren, und wenn eines Tages eine Seelenwanderung stattfindet, weiß ich nicht, ob ich nicht vorziehen würde, eine Auster zu sein, wenn man mir die Wahl ließe, ein solch trauriges Tier zu sein, oder hier zu wohnen…*"

Die Wohngemeinschaft von Ludwig und Caroline wurde wieder aufgenommen, als der hessische Erbprinz Ludwig im Jahre 1750 erneut in preußische Dienste trat und beide für sechs Jahre in Prenzlau Wohnung bezogen.

In den beiden ersten Prenzlauer Jahren 1744/45 war Caroline nur wenige Monate dort zu Gast gewesen, um die ihr sehr fremden Verhältnisse kennen zu lernen. Von ihrer Herkunft und Erziehung im Einflußbereich Frankreichs lag ihr nichts ferner, als sich für preußisches Militär und Friedrich II. Politik gegenüber Maria Theresia hinsichtlich Schlesiens zu erwärmen. Doch stimmte sie ihr erster Besuch am Berliner Hof und die erste Bekanntschaft mit dem Preußenkönig sehr schnell um: „*Die jungen Leute dort* (am Berliner Hofe) *haben Geist und die Damen außerdem Charme, Figur und gute Manieren*"; und gegenüber dem König beschränkte sie sich darauf, zu sagen, „*daß er mir gefällt und sich gut und geistreich ausdrückt*".

So waren Ludwig und Caroline – jeder auf seine Weise – von dem Preußenkönig angetan: er wegen Friedrichs Soldatenleidenschaft, sie ob dessen geistvoller Art, auch als Freund Voltaires, mit dem Caroline später auch selber korrespondierte. Die Schwester Friedrichs, die Markgräfin Wilhelmine von Bayreuth, wurde Carolines Freundin, dann die Patin für Carolines Tochter Wilhelmine, die spätere Gemahlin Paul I. von Rußland.

Der Aufenthalt in Preußen von 1750–1756, erst Prenzlau, zuletzt Berlin, war für Caroline sehr anregend. Über das Berliner Jahr schrieb sie später: „*Ich hatte ein Jahr das Glück, in der strahlendsten Gesellschaft zu leben, und nun sitze ich hier am Tisch mit Leuten, die in ihrer größeren Mehrzahl das Rad und den Strick verdienen.*"

Ludwig und Caroline hatten acht Kinder, von denen fünf in den preußischen Jahren geboren wurden:

Caroline (* Buchsweiler 1746, vermählt 1768 mit Friedrich V., Landgraf von Hessen-Homburg, † Homburg 1821)

Friederike Louise (* Prenzlau 1751, vermählt 1769 mit Friedrich Wilhelm Prinz von Preußen, seit 1786 König Friedrich Wilhelm II. von Preußen, † Berlin 1805)

Ludewig (* Prenzlau 1753, der spätere Großherzog Ludewig I.)

Amalie Friederike (* Prenzlau 1754, vermählt 1774 mit Carl Ludwig Erbprinz und Markgraf zu Baden, † Bruchsal 1832)

Wilhelmine, seit 1773 Natalia Alexiewna (* Prenzlau 1755, vermählt 1773 mit Großfürst Paul, seit 1796 Kaiser Paul I. von Rußland, Sohn Katharina II., † St. Petersburg 1776)

Louise (* Berlin 1757, vermählt 1775 mit Carl August Herzog, seit 1815 Großherzog von Sachsen-Weimar-Eisenach, unter dem Goethe Minister und Herder Hofprediger waren, † Weimar 1830)

Friedrich Ludwig (* Buchsweiler 1759, † Darmstadt 1802)

Christian Ludwig (* Buchsweiler 1763, in holländischen Diensten, später in England, † Darmstadt 1830)

Durch ihre in Preußen verbrachten Jahre empfand Caroline bleibende Zuneigung und Bewunderung gegenüber dem Preußenkönig, die von dem Frauen gegenüber bisweilen spröden Friedrich in gleichem Überschwang erwidert wurde. Diese Freundschaft förderte auch die nicht unbescheidene Heiratspolitik Carolines für ihre Töchter. Durch Friedrichs Fürsprache und finanzielle Unterstützung kam eine der Töchter auf den preußischen Thron, eine zweite wäre fast russische Kaiserin geworden.

„Ich verlasse", schrieb Caroline an Friedrich, *„mit dem schmerzlichsten Bedauern Euer Majestät Staaten, durchdrungen von Respekt und Verehrung für den Helden und großen Menschen... der Himmel schütze immerdar Ihre Tage, Sie sind seine vollkommenste Schöpfung ... Sie sind, Sire, der Schutz des Unglücklichen, Sie hören ihn an, Sie gehen auf seine Leiden ein; nicht allein sind Sie der Größte der Sterblichen, Sie sind auch der gütigste und geeignet, ein vollkommenes Vertrauen zu erwecken ... Aus welchem Gesichtspunkt auch die Geschichte eines Tages Ihre ruhmvolle Regierung betrachten mag, sie wird die glänzendsten und weisesten Handlungen verzeichnen und die Nachwelt wird Sie anstaunen, wie es Ihre Zeitgenossen tun. Sie verdunkeln alle durch die Größe Ihres Genies und Ihre hervorragenden Fähigkeiten. Erfüllt von Ihren Ideen, kann ich mich nicht stolz fühlen, daß ich den ersten Mann des Weltalls meinen Freund nennen darf?"*

Friedrich II. von Preußen hat es auch seinerseits nicht an Äußerungen über seine Verehrung für Caroline fehlen lassen. *„Wenn das Konterfei sprechen könnte",* schrieb er zur Übersendung seines von Caroline erbetenen Bildes, *„würde es Ihnen sagen, wie das Original sie schätzt und hochachtet, und wenn es kühner und verwegener wäre, würde es Ihnen eine unendliche Menge von Dingen sagen, die ich unterdrücke, um die ungemeine Bescheidenheit, zu der Sie sich bekennen, nicht zu verletzen. Möchte diese schwache Abbildung meiner Gebrechlichkeit Sie an einen Mann erinnern, der den ganzen hohen Wert Ihrer Freundschaft kennt, und der es sich zur Aufgabe macht, sie zu verdienen."*

Den letzten sichtbaren Beweis für seine Zuneigung zu Caroline hat Friedrich II.

dadurch geliefert, daß er „*sobald er von dem Ableben dieser vortrefflichen Fürstin, die die Zierde und Bewunderung unseres Jahrhunderts bildete, erfahren, den Entschluß gefaßt hatte, ihren Grabhügel mit einer Urne zu schmücken, welche künftigen Jahrhunderten meine Gefühle der Verehrung für ihre großen Geistesgaben und reichen Tugenden verkünden sollte*", – ein Zitat aus dem Brief, mit dem Friedrich dem Baron von Riedesel die marmorne Urne ankündigte.

Diese Urne schmückt noch heute das efeuumrankte Grabrondell im Herrngarten. Die vom König gewählte Inschrift „femina sexu, ingenio vir" – vom Geschlecht eine Frau, von Geist ein Mann –, ist sehr bekannt geworden. Walter Gunzert möchte die Sentenz besser eingedeutscht haben: „Sie war eine Frau mit männlichem Geist".

In ihrem geliebten Garten bestattet zu werden, war Carolines Wunsch an ihren Gatten. „*Lassen Sie mich in dem großen Boskett im Englischen Garten begraben. Man wird daselbst eine Grotte finden, die außer mir niemand als ihrem Werkmeister bekannt ist. Hierin ist mein Grab mit einigen Steinen bezeichnet, und ich habe den größten Teil mit meinen Händen vollendet. Hier an dem Ort, wo ich oft von dem Geräusch des Hofes ferne meine Seele mit Gott unterhalten habe, dem ich bald für ein Leben Rechenschaft geben werde, welches ich mit Ihnen geteilt habe, hier an dem Ort, wo ich Sie und meine Kinder dem Herrn empfohlen habe, hier, wo Gott alle meine Wünsche gnädigst erhört hat, will ich ruhen. Sie, meinen teuersten Gemahl und Herrn erwartet jenseits des Grabes in einer besseren Welt Ihre teure Gemahlin, die noch den letzten Laut mit Ihnen teilt.*"

Nicht ohne Mühe fand man den Ort im Herrngarten und dort den unterirdischen Gang, der über eine kleine Öffnung zu einer Gruft führte, die nur soviel Licht hereinließ, als zum Lesen nötig war. Dort stand ein Ruhebett, daneben war ein Grab vorbereitet, zwischen Steinen lagen Andachtsbücher und geistliche Oden von Gellert.

Nach den gemeinsamen sieben Jahren in Preußen trennten sich bei der Rückkehr 1757 die Wege der Gatten: Caroline wohnte wieder in Buchsweiler, Ludwig in Pirmasens. Auch als 1768 nach dem Tode des Vaters, Ludwig VIII., der Regent von Hanau-Lichtenberg auch Landgraf von Hessen-Darmstadt wurde, zog Ludwig IX. es vor, in Pirmasens zu bleiben. So fiel Caroline ein erheblicher Teil der Regierungsarbeit und die Repräsentation in Darmstadt zu. Bereits 1765 war sie mit ihren Kindern nach Darmstadt übergesiedelt, um dem alternden Schwiegervater und seiner als erste Dame des Hofes fungierenden verwitweten Schwester, der Fürstin Max von Hessen-Kassel, zur Hand zu gehen. Ganze vier Monate nur hatte Ludwig IX. es in Darmstadt ausgehalten, ehe er sich wieder nach Pirmasens zurückzog.

Einen sehr amüsanten Bericht über das damalige Leben am Darmstädter Hof gibt das „Tagebuch Friedrich V. von Hessen-Homburg über seinen Besuch am Landgräflichen Hof in Darmstadt 1768". Der Berichterstatter ist der Schwiegersohn der großen Landgräfin, der an der Jagd teilnahm. Aus der Schilderung erfahren wir auch, welche Rolle am Hofe Ludwig IX. jüngerer Bruder, Prinz Georg Wilhelm (1722–1781), mit seiner Gattin Marie Luise Albertine von Leiningen-Dagsburg-Heidesheim (1728–1818) spielten. Fünf Söhne und vier Töchter entstammen der Ehe dieses Prinzenpaars. Eine Gedenktafel im Chor der Stadtkirche erinnert an sie: „Dem geliebtesten Gemahl, neunmaliger Vater, Gottes und der Menschen Freunde und Helden setzt dieses Denkmal ehelicher Liebe M.(arie) L.(uise) A.(lbertine) geb. Gr(äfin) L(einingen) H(eidesheim) und D(agsburg), die der Selige durch seinen Tod zum erstenmal betrübte." Unter dieser Tafel mit dem Portrait Georg Wilhelms hängt seit 1931 eine Messingtafel für Königin Luise von Preußen, Tochter des Herzogs von Mecklenburg-Strelitz, Enkeltochter Georg Wilhelms. Mit ihrer Schwester Friederike wurde sie am 15. Juni 1792 in der Stadtkirche konfirmiert. Diese Gedenktafel stiftete der Deutsche Frauenorden, Hochsitz Darmstadt, im Oktober 1931. Sie wurde in Anwesenheit der letzten Kronprinzessin Cecilie, einer geborenen Mecklenburg-Schwerin, eingeweiht.

Diese Königin Luise von Preußen (1776–1810), Gemahlin des Königs Friedrich Wilhelm III. von Preußen (1770–1840), Ideal und Vorbild weiblicher Tugenden für viele Frauengenerationen im 19. Jahrhundert, hat entscheidende Jugendjahre bei ihren Großeltern in Darmstadt im ehemaligen Palais am Markt (heute steht dort das Kaufhaus Hentschel und Ropertz) und im Schloß Braunshardt verbracht.

„…die den Völkern Väter, Mütter den Ländern gab und den Kranz der auf ihre Kinder verstammten Tugenden in deren Diadem einflocht", ist auf einem alten Stich der Prinzessin Georg Wilhelm zu lesen. Ihren Gatten hat sie um mehr als drei Jahrzehnte überlebt, als sie 89jährig am Hofe ihres verwitweten Schwiegersohns, des Herzogs Karl in Neustrelitz, am 11. März 1818 starb. Fast sämtliche regierenden deutschen und europäischen Fürstenhäuser haben Georg Wilhelm von Hessen und Marie Luise Albertine geb. Leiningen-Dagsburg-Heidesheim als Ahnen durch deren vier Töchter. Friederike (1752–1782) war die erste, Charlotte (1755–1784) die zweite Gemahlin des Herzogs Karl von Mecklenburg-Strelitz. Louise (1761–1829) war die Gemahlin ihres Vetters Ludewig I., also die erste Großherzogin von Hessen-Darmstadt. Auguste (1765–1796) war die Gemahlin des Herzogs Maximilian von Pfalz-Zweibrücken (1756–1825), der sich 1799 Kurfürst und ab 1806 König Maximilian von Bayern nannte.

An ihre zwei früh verstorbenen Schwestern erinnert noch heute eine Urne, im Park des Fürstenlagers zu Bensheim-Auerbach, die Louise hat setzen lassen mit der französischen Inschrift auf dem Sockel: „Zum Gedenken an Friederike und Charlotte, zwei liebe Freundinnen von Louise, ihrer Schwester, den 20. Mai 1786."

Der Übergang der Regentschaft im Jahre 1768 an Ludwig IX. brachte erhebliche Einschränkungen am Darmstädter Hof. *„Du weißt, in welcher Unordnung die Verhältnisse liegen",* schrieb Caroline, *„der Landgraf wird, um sie zu bessern, in allen Zweigen der Verwaltung Einschränkungen machen. Die Parforcejagd ist sofort aufgehoben worden. Der Marstall hat nur 60 Pferde behalten. Die Pferde der Dragoner wurden genommen, um die Gardes du Corps beritten zu machen und um den Marstall in Pirmasens zu ergänzen. Die Pagen sind entlassen ... Unsere Tafel ist vereinfacht und für gewöhnlich auf vierzehn Personen beschränkt. Viele Diener sind entlassen. Ich beklage aber nur die, welche treu gedient haben, das schmerzt mich, aber ich sehe ein, daß es sein muß. Es ist nicht die Einschränkung des Staates, was mich betrübt, denn aus diesem habe ich mir nie etwas gemacht, aber ich leide, weil ich Unglückliche sehe."*

Daß das Land stark verschuldet war, war fast schon Dauerzustand. Dank der Freundschaft der Kaiserin Maria Theresia zu Landgraf Ludwig VIII. und ihrem Votum: *„Laßt mir den alten Mann zufrieden, solange er noch lebt,"* wurde zu dessen Lebzeiten die Kaiserliche Schulden-Kommission am Eingreifen gehindert. Aber es hatte bereits geheißen: *„ Wenn der Preuße* (gemeint Preußenanhänger Ludwig IX.) *zur Regierung kommt, den wollen wir schon festhalten."* Ludwig IX. wehrte sich energisch dagegen, für die Schuldenwirtschaft seiner Vorgänger büßen zu müssen. *„Ich habe mir vorgenommen, nicht der Sackträger der Vorfahren und Nachkommen zu sein oder der Esel, der die Reliquien trägt, der das Carere* (Entbehren) *allein spielen und sich alles an seinem eigenen Maule abziehen soll ... Der Gedanke, daß ich nach so manchem Jahrhundert in einem so kleinen Zeitraum allein das Schlachtopfer von elterlichen Schulden sein soll, crepiert mich so sehr, daß ich es nicht auszudrücken vermag",* schrieb Ludwig einmal an seinen Minister Moser.

Nicht zuletzt, um von den leidigen Schulden loszukommen, hatte Ludwig auf Betreiben seiner Gattin den Freiherrn Friedrich Karl von Moser (* Stuttgart 1723, † Ludwigsburg 1798) als dirigierenden Staatsminister, Präsident aller Landeskollegien und Kanzler berufen. Durch seine Schrift von 1759 „Herr und Diener" hatte sich Moser als Eiferer gegen den „Sultanismus der deutschen Principiones" (Landesherren) und durch verschiedene erfolgreiche Dienste empfohlen. So erwartete man von ihm Außergewöhnliches. Seine Neigung zum Pietismus, jener auf Bewährung der Frömmigkeit im Alltag drängenden Einstellung, schien ihn gleichfalls zu empfehlen. Die Überraschung war deshalb groß, als die Praxis des Kanzlers sich von seinen sympathisch erscheinenden

Theorien abhob. Schon vor seinem Amtsantritt hatte sich Moser ausbedungen, daß niemand an den Fürsten direkt appellieren und er als leitender Minister ihm ungeeignet erscheinende Mitarbeiter selbst ihres Amtes entheben dürfe. Was Moser den Fürsten vorgeworfen hatte, dem verfiel er bald selbst, der Herrschsucht und Habgier. Solche Neigungen samt der von Anfang an vorhandenen Abneigung gegen den „Ausländer" waren Nährboden genug, sich dieses Mannes nach acht Jahren wieder zu entledigen. Mit Landgräfin Carolines Tod, zwei Jahre nach seinem Amtsantritt, hatte Moser auch sehr bald seine Protektorin verloren.

„Ich habe den Herrn zum meinem Minister ernannt, aber noch niemalen die geringste Versuchung gehabt, mir in meinen alten Tagen in seiner Person einen Hofmeister zu setzen", schreibt Ludwig IX. zu Mosers Ausscheiden. *„Solange ich lebe, will ich Herr bleiben und meinen Willen und Entschließungen nicht in das Wollen oder Nichtwollen meiner Diener gefangen nehmen, und wenn der Herr nicht Fähigkeiten genug in sich verspürt, Befehle von seinem Herrn anzunehmen und zu gehorchen, so finde ich, daß wir beide uns nicht zusammen schicken, sondern daß eine Trennung unumgänglich notwendig ist."*

Recht bissig hatte sich Moser einmal geäußert: *„Die Menschen dieses Landes sind von einer petrifizierten* (versteinerten) *Denkungsart und einem eisernen Hartsinn, schadenfroh, faul und eigennützig... ich arbeite für das Eselsgeschlecht zu viel"* – nun, Moser hat viel gearbeitet, um Hessen aus seiner großen Staatsverschuldung herauszuführen; das ist ihm weithin gelungen. Auch sonst hat er durch vielfältige Verwaltungsmaßnahmen (z. B. Trennung von Verwaltung und Justiz) zur Gesundung des Landes beigetragen. Daß er sehr unehrenhaft entlassen und anschließend verfolgt wurde, hatte er nicht verdient. Gegen seine Entlassung strengte Moser einen Prozeß an, Gegenklage des Landgrafen und Beschlagnahmung der im Hessischen liegenden Güter Mosers folgten. Nach dem Tode Ludwig IX. ließ sein Sohn Ludwig X. den Prozeß sogleich niederschlagen und verschaffte Moser Genugtuung, gab ihm seinen Besitz zurück und dazu noch eine jährliche Rente.

Durch Moser kam 1776 für kurze Zeit Matthias Claudius, der „Wandsbecker Bote" und Dichter des Liedes „Der Mond ist aufgegangen", als Oberlandkommissär nach Darmstadt. Er war Mitglied einer von Moser „zu Berat- und Verbesserung des allgemeinen Nahrungsstandes angeordneten Land-Kommission". Ihre Aufgabe war es, *„dem guten fleißigen Untertanen jede Gattung seiner Arbeit fruchtbarer, seine Abgaben leichter, sein ganzes Leben froher, seinen Himmel blauer, ihn stolz auf sein Vaterland, zufrieden mit sich selbst und dankbar gegen seinen Fürsten zu machen".* Claudius verließ Darmstadt wieder nach einem Jahr, „die desperat dünne Luft konvenierte ihm nicht". Es ist rührend, diese vom Landgrafen approbierte „Ankündigung an das Vaterland etc.", zu lesen mit ihrer Mischung von Belehrung ökonomischer Art und Appellen an sittliche und religiöse Verantwortung.

Kehren wir zur Landgräfin Caroline zurück, die mit den veränderten Verhältnissen am Darmstädter Hofe sich zu befreunden hatte. Es gelang ihr; dank ihrer starken Persönlichkeit und ihrem Interesse für alle geistigen Strömungen setzte sie an die Stelle äußerer Repräsentation einen regen geistigen Austausch. Schlüsselfigur dabei war Johann Heinrich Merck (1741–1791). Goethe beschrieb ihn im zwölften Buch von „Dichtung und Wahrheit": *„Dieser eigne Mann, der auf mein Leben den größten Einfluß gehabt... Als ich ihn kennenlernte, war er Kriegszahlmeister in Darmstadt. Mit Verstand und Geist geboren, hatte er sich sehr schöne Kenntnisse, besonders der neueren Literaturen,*

Die „Große Landgräfin mit dem Mohren". Gemälde von Antoine Pesne in Schloß Wolfsgarten

Johann Heinrich Merck

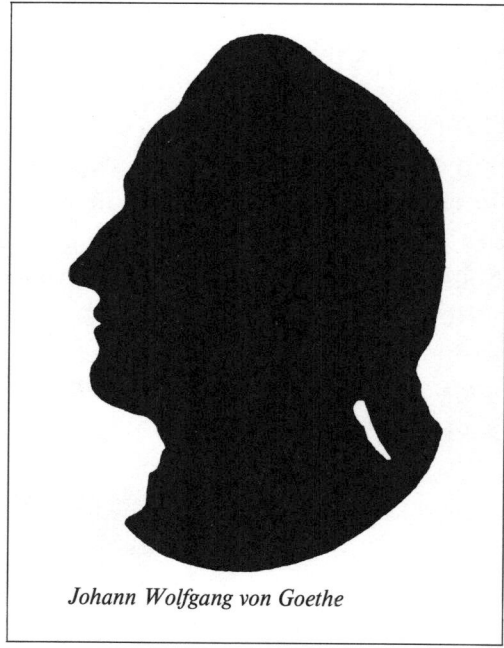

Johann Wolfgang von Goethe

erworben, und sich in der Welt- und Menschengeschichte nach allen Zeiten und Gegenden umgesehn. Treffend und scharf zu urteilen war ihm gegeben. Man schätzte ihn als einen wackern entschlossenen Geschäftsmann und fertigen Rechner. Mit Leichtigkeit trat er überall ein, als ein sehr angenehmer Gesellschafter für die, denen er sich durch beißende Züge nicht furchtbar gemacht hatte. Er war lang und hager von Gestalt, eine hervordringende spitze Nase zeichnete sich aus, hellblaue, vielleicht graue Augen gaben seinem Blick, der aufmerkend hin und wieder ging, etwas Tigerartiges."

Als Sohn eines Darmstädter Apothekers war Merck nach Studium und Reisejahren in Darmstädtische Dienste als Kriegszahlmeister getreten, machte sich aber bald als geistvoller Schriftsteller einen Namen. Dadurch wurden Johann Wolfgang von Goethe, Christoph Martin Wieland, Johann Wilhelm Ludwig Gleim, Johann Gottfried Herder und andere Dichter seine Freunde. Diese zog Merck nach Darmstadt, führte sie am Hofe ein, zumal er selbst mehrmals in der Woche Gast im Salon der Landgräfin war. Merck war ein ungemein interessanter Unterhalter, verstand sich auf mehrere Sprachen, war von umfassendem Wissen in der Kunst, Naturwissenschaft und Politik, von einem Humor, der schnell in sarkastischen Witz überging. Meist befand er sich auf Reisen, denn sein Dienst war an vielen Höfen willkommen.

Über Goethes Besuche in Darmstadt in den Jahren 1772–1775 und den „Kreis der Empfindsamen", den er zusammenführte, und durch den er selbst inspiriert

56

Johann Gottfried Herder

Caroline Herder, geb. Flachsland

wurde, ist vielfältig geschrieben worden. Hier sei nur auf Walter Gunzerts Schrift „Darmstadt und Goethe" aus dem Goethejahr 1949 verwiesen.

Nach Goethes Übersiedlung nach Weimar kühlten seine Beziehungen zu Merck sichtlich ab. Hierzu trug auch bei, daß Merck, den Goethe nur den „Mephistopheles" nannte, nie mit seiner Kritik über Goethes Werke zurückhielt. So war er auch über Mercks Urteil zum „Clavigo" keineswegs erbaut: „Solch einen Quark mußt Du mir künftig nicht mehr schreiben, das können die andern auch." Trotzdem wird Dalbergs Feststellung zutreffen, daß Johann Heinrich Merck „der einzige feste, gründliche und doch gefühlvolle Kunstrichter ist", der ihm begegnet sei.

Es war ein Unglück, daß dieser geistig so überdurchschnittlich begabte Mann sich auf merkantile Bahnen begab und hierbei sowohl seine finanziellen Möglichkeiten wie das Vertrauen derer, denen er helfen wollte, erheblich überschätzte. Er hatte in Arheilgen eine Buchdruckerei, in Darmstadt eine große Bleichanstalt, eine Kattundruckerei, wozu er Arbeiter und Geräte aus der Schweiz kommen ließ, und zur Beschäftigung von Soldatenkindern eine Baumwollspinnerei gegründet, was man von solch einem Geistesheroen gewiß nicht erwartet hätte. Freiwillig schied er aus dem Leben. Trotz seines vorzeitigen Todes ist sein Nachruhm als einer der bedeutendsten Söhne Darmstadts groß; mit Recht erinnert an ihn eine schlichte Gedenksäule am Herrngartenteich. Die in Darmstadt ansässige Deutsche Akademie für Sprache und Dichtung verleiht jährlich auf ihrer dortigen Herbsttagung ihren „Johann-Heinrich-Merck-Preis für literarische Kritik und Essay", und der Magistrat der Stadt Darmstadt zeichnet Künstler, Wissenschaftler, Politiker und Wirtschaftler, die durch ihre Leistung den kulturellen Ruf der Stadt gemehrt oder zu ihrem geistigen Profil Wesentliches beigetragen haben *„im Gedenken an Darmstadts großen Bürger Johann Heinrich Merck, der in Wissenschaften und Künsten, im politischen Leben und im Bereich geselliger Bildung das Beispiel eines universalen geistigen Strebens gegeben hat…"* durch die „Johann-Heinrich-Merck-Ehrung" aus.

Merck war auch unter den Vertrauten, die Landgräfin Caroline im Jahre 1773 auf ihrer Reise nach Rußland begleiteten, jener Staatsbegebenheit, durch die der kleine Darmstädter Hof von sich reden machte.

„Wo soll man Männer finden für die neun Prinzessinnen in Darmstadt?" – das war die Frage für Caroline, und gemeint waren ihre eigenen fünf Töchter und die vier ihres Schwagers Georg Wilhelm, der mit ihr für den in Pirmasens residierenden Regenten in Darmstadt Hof hielt. Carolines Gatte hatte sich ohnehin von dieser Pflicht distanziert und zu Moser geäußert: *„Es ist mir lieb, daß ich mit den Heiraten meiner Töchter nichts zu tun habe; gehts gut, so freut's mich, gehts übel, so kann man mir wenigstens nicht Schuld geben, daß ich Ursache daran bin."* Nun, es ging gut, aber dazu bedurfte es jener Reise bis nach Petersburg, auf der Caroline ihre drei Töchter Amalie, Wilhelmine und Louise mitführte, um sie der russischen Kaiserin Katharina II. vorzustellen, die eine Frau für ihren Sohn, den Großfürsten Paul (* 1754, Zar Paul I. 1796, † 1801), suchte.

Reisebegleiter waren neben Kriegsrat Johann Heinrich Merck, Oberjägermeister Volpert Freiherr von Riedesel zu Eisenbach, Ludwig Balthasar von Schrautenbach-Lindheim als Kammerherr und Luise von Wurmser, Freundin von Prinzessin Wilhelmine.

Da von dem von Katharina an die deutschen Höfe entsandten „Brautschaukommissar", Baron Achatz Ferdinand von der Asseburg, bei seinem Besuch in Darmstadt schon eine gewisse Vorentscheidung für Wilhelmine gefallen war, beließ man es dann auch dabei. Dank der Schreibfreudigkeit Carolinens ist diese Land- und Seereise mit all ihren Freuden und Leiden ausgezeichnet protokolliert. Frankfurt – Philippsruhe – Gelnhausen – Fulda – Eisenach – Gotha – Erfurt (hier Begegnung mit der Herzogin Anna Amalia von Sachsen-Weimar und ihrem Sohn Carl August, der zwei Jahre später Carolines jüngste Tochter Louise ehelichen wird) – Leipzig – Berlin. Dort war Zwischenstation am Hofe des befreundeten Königs Friedrich II., der mit einem Kredit von 10000 Taler unter die Arme griff. Hier wohnte auch Carolinens Tochter Friederike als junge Gattin von Prinz Friedrich Wilhelm, dem Neffen des Königs und Thronfolger (später Friedrich Wilhelm II. von Preußen, * 1712, König 1786, † 1797). Daß die Wahl Friedrich II. für seinen Neffen gerade auf Carolinens Tochter gefallen war, dazu hatte ihn „der Eindruck der Trefflichkeit der Mutter einzig und allein veranlaßt". Als Caroline auf der Rückreise in Berlin abermals Station machte, konnte sie ihren am 5. November 1773 geborenen Enkel Ludwig begrüßen.

Über Lübeck ging die Reise nach Travemünde, wo man sich einschiffte, um nach neuntägiger Seereise am 17. Juni 1773 in Reval an Land zu gehen. Kaiserin Katharina kam den Gästen zum Schloß Gatschina des Grafen Orloff entgegen, der Sohn Paul folgte später. Die Wahl fiel auf Wilhelmine, die Verlobung wurde schon am 26. August gefeiert. Der unvermeidliche Übertritt seiner Tochter zum orthodoxen Glauben brachte den Vater, Ludwig IX., in Harnisch. Er erhoffte, wenn es unvermeidlich sein sollte, aus dem Zugeständnis politisches Kapital zu schlagen: Herzog von Kurland zu werden mit einer russischen Provinz der Größe, *„daß Sie den Rock und die Landgrafschaft den Ärmel darstellen sollte".*

Der Landgraf sandte seinen Minister Moser eilends gen Petersburg mit genauen Anweisungen für den Heiratsvertrag, aber Moser kam zu spät, um die Angelegenheit noch im Sinne seines Herren zu beeinflußen. Die Ernennung Ludwig IX. zum russischen Feldmarschall und die Verleihung des Andreasordens waren Katharinas Trostpreis.

Die Hochzeit fand am 1. Oktober 1773 statt, zwölf Tage und zwölf Nächte wurde gefeiert mit 3200 geladenen Gästen. Bei der Trauung hielt der Erbprinz Ludwig (nachmals Großherzog Ludewig I.) die Brautkrone über das Haupt der Schwester. Er war eigens zur Hochzeit angereist und blieb dann bis 1775 als Generalmajor in russischen Diensten.

Die Ehe Nataliens, wie Wilhelmine als Großfürstin nun hieß, mit dem Großfürsten Paul war nur von kurzer Dauer; 1776 stirbt sie bei der Geburt des ersten Kindes.

Bei ihrer Rückkehr an Weihnachten 1773 wurde Caroline in Darmstadt feierlich empfangen, in Pirmasens jedoch von einem übel gelaunten Gatten. Sie selbst war der Erschöpfung nahe und ahnte, daß ihre Tage gezählt sind; deshalb bereitete sie sich bewußt auf ihren Tod vor.

„Gott die Ehre geben, die Ratschlüsse der Vorsehung verehren, mit Ergebung Gutes wie Böses hinnehmen, nicht murren über seine Ratschlüsse; glauben, daß alles, was Er tut, gut ist; Ihn lieben um Seiner selbst willen, indem wir auf alle Hoffnung einer Belohnung und auf jede Furcht vor Strafe verzichten. Seinen Nächsten lieben, suchen, ihm zu dienen, ob er nun Heide oder Christ sei, Gutes tun um des Guten willen – das ist mein Glaubensbekenntnis, das sind meine Gesinnungen, mit denen ich leben will und sterben," so hatte Caroline bereits 1754 ihre Lebensgrundsätze formuliert.

Jetzt gibt sie *„mit trockenem Auge und mit gesammeltem Sinne"* am 27. Januar 1774 ihre letztwillige Verfügung: *„Mein häufiges Unwohlsein läßt mich mein nahes Ende voraussehen. Ich glaube mich darauf vorbereiten und meinen letzten Willen aufsetzen zu sollen. Die Güte und die Achtung, mit der mich der Landgraf beehrt hat, gibt mir die Hoffnung, daß er meinen letzten Willen ausführen wird, und ich erwarte von seiner Großmut, daß er bestätigen wird, um was ich ihn bitte…"* (Es folgen 40 detaillierte Anweisungen über ihre Bestattung, nicht in der Kirche, sondern im Rondell ihres Gartens, über ihren Besitz, Anweisungen an die Söhne und ihre Diener, welche Briefe vernichtet, welche aufbewahrt werden sollen, dann heißt es zum Abschluß:) *„Nun bin ich ruhig. Ich empfehle meine Seele Gott; ich habe niemals absichtlich jemand wehe getan. Ich verzeihe meinen Feinden, wenn ich solche habe, und den Verrätern. Ich beklage meine Kinder, meine Mutter* (sie starb fünf Tage vor der Tochter in Darmstadt) *und meine Freunde, möge ich in ihrem Andenken fortleben."*

Am 30. März 1774 stirbt Caroline und am 3. April wurde sie abends um 10 Uhr in aller Stille an dem von ihr gewünschten Platz im Boskett beigesetzt. Wieland, der Dichter, wünschte *„nur einen Augenblick Herr des Schicksals zu sein, um sie zur Königin von Europa erheben zu können";* Goethe nannte sie *„die Große Landgräfin",* der Preußenkönig Friedrich II. *„Zierde und Bewunderung unseres Jahrhunderts".* Merck kommt dem Geheimnis der Persönlichkeit dieser bedeutenden Frau nahe, wenn er feststellt: *„Das Andenken an die Vorzüge ihrer Wahrhaftigkeit, Tatkraft und gütereiches Menschentum sichert ihr die Unsterblichkeit groß angelegter Naturen."*

Daß Caroline ein Zeitalter Darmstädter Fürstenherrschaft bestimmt hat und nicht ihr Mann, ist keine Schande für den Regenten. Sie hat ohnehin für ihren Gatten in vielen heiklen Situationen „die Kastanien aus dem Feuer holen müssen". Daß ihr Lebensbild so ausführlich dargestellt wird, hat auch darin seinen Grund, daß Caroline durch ihre umfassende Korrespondenz (5000 Briefe sind erhalten) wie sonst keine der hessischen Fürstinnen die Möglichkeit zu biographischer Würdigung bietet. Die besonderen Zeitverhältnisse (Gunzert: „Vorabend der europäischen Revolution") und die Mittlerstellung, in die Caroline durch Herkunft, Heirat und Politik hineinwuchs, kommen hinzu. Caroline entstammte durch Geburt dem französischen Einfluß- und Kulturbereich. Sie wußte sich ihm – nicht nur durch die Sprache – zeitlebens verbunden, denn sie lebte in den Jahren 1741–1750 und 1757–1760 in Buchsweiler. Sie korrespondierte mit Voltaire, den sie durch Hilfsstellung für eine durch die katholische Geistlichkeit in Toulouse verfolgte Familie entzückt und zu der Äußerung veranlaßt hat: *„Die letzten Worte Ihres Briefes, mit dem Sie mich beehrt haben, haben meinem Alter Trost gewährt und die hinschwindenden Reste* meiner Seele erwärmt. *Sie verabscheuen die Tyrannei und den Aberglauben; pflanzen Sie diese Gefühle allen denen ein, auf die ein Wort Ihres Mundes und ein Blick Ihrer Augen Eindruck machen. Sie haben die Macht der Schönheit und der Philosophie; ach daß es mir nicht vergönnt ist, ehe ich mein Leben beschließe, zu Ihnen zu kommen, Ihnen meine Verehrung auszusprechen, Sie zu sehen, Sie zu hören und den Himmel und die Natur zu segnen, die solche Wesen, wie Sie erschaffen haben, zum Schutze gegen die Ungeheuer, welche die Erde betrüben.''*

„Nichts ist grausamer als die Intoleranz", so hatte Caroline einmal Moser gegenüber geäußert, „*Gott duldet alle Religionen, alle Sekten, aber der Mensch tritt als Verfolgung auf! Ist dies nicht entsetzlich?''*

Mit ihrer Heirat nach Darmstadt wurde Caroline durch die Preußenbegeisterung ihres Gatten aus einer Verehrerin Maria Theresias von Österreich zu einer Friedrich II. von Preußen. Durch die Heiraten ihrer Töchter nach Petersburg, Berlin, Weimar weitete sich ihr Horizont und auch ihr und des kleinen Hessenlandes Einfluß in einem bisher nicht dagewesenen Ausmaß. Ihre Töchter haben ihr Erbe an die protestantischen Höfe Europas des 19. Jahrhunderts weitergegeben. Dank ihrer vielseitigen geistigen Interessen vermochte Caroline es, ein Anziehungspunkt zu werden, der Darmstadt für wenige Jahre ein Fluidum schuf, wie es später das Weimar Goethes besaß.

Sich zwischen Preußen und Österreich zu entscheiden, blieb Caroline erspart – die Alternative läßt bis 1866 auf sich warten –, für oder gegen Frankreich Partei zu ergreifen, steht erst in Kürze zur Debatte. Was waren das doch, trotz allem, für Zeiten, in denen man sich nicht entscheiden mußte zwischen Frankreich, Österreich, Preußen, Rußland, sondern sich ganz ungeniert zwischen ihnen bewegen und daraus profitieren konnte – geistig, kulturell, politisch, familiär –, wie Carolinens Beispiel zeigt. Welch langer Weg und Irrweg mußte erst zurückgelegt werden, bis die unguten Folgen der Französischen Revolution, des nach Weltbeherrschung strebenden Nationalismus, der Europa und dann die ganze Welt fast an den Rand der Selbstvernichtung gebracht hat, überwunden werden konnten zugunsten eines europäischen Zusammengehörigkeitsbewußtseins. Der Rückblick in das 18. Jahrhundert, exemplifiziert an unseren bescheidenen politischen Verhältnissen, macht deutlich, daß es so etwas schon gegeben hat.

Natürlich haben nicht alle Besucher Darmstadts Zugang zu diesen geistvollen Zirkeln gehabt, sonst wäre es nicht zu einem Urteil wie diesem gekommen: „*Von Darmstadt werde ich nichts Statistisches sagen, als daß daselbst alle zwei Stunden getrommelt wird.''* Natürlich wurde in Darmstadt auch getrommelt, denn die Regierungszeit Ludwig IX. währte nach dem Tode der großen Landgräfin noch sechzehn Jahre. Die Repräsentationspflichten gingen jetzt auf den Prinzen Georg Wilhelm und seine Gattin über. Nach der Heirat ihrer Tochter Louise mit dem Erbprinzen Ludwig im Jahre 1777 wurden für das junge Paar ein Hofstaat eingerichtet und ihnen einige Repräsentationspflichten zugewiesen.

Das mag mit ein Grund gewesen sein, daß das Urteil Durchreisender etwas freundlicher wurde, wie das eines Johann Kaspar Riesbeck aus dem Jahre 1783:

„Ich machte einen Ritt nach Darmstadt, einem kleinen aber allerliebsten Ort. Man beschrieb mir zu Frankfurt die Einwohner als steif; allein ich fand den Kreis, worein ich geriet und der aus einigen Räten und Offizieren bestand, ungemein artig, belebt und unterhaltend.

Ich wünschte mir zur Würze meines Lebens keine andre Gesellschaft, als die mir Darmstadt anbot ... man ist in der Mitte zwischen vielen großen Städten, die alle nicht weit entfernt sind, hat eine Gesellschaft, so gut als sie nur die größte Stadt geben kann, kann das Ländliche mit dem Städtischen ungemein schön verbinden, genießt eine sehr gesunde Luft und die ausgezeichnetsten Lebensmittel um den wohlfeilen Preis.

Die Popularität des Hofes, der niedliche, für jedermann geöffnete englische Garten, die schönen Wachtparaden, die hübschen und muntern Mädchen, die Jagdpartien, die man ohne besondere Kosten mitmachen kann, kurz, alles bietet Unterhaltung und Vergnügen im Überfluß dar."

Erwähnt werden muß noch, daß Ludwig IX. seiner Soldatenleidenschaft auch in Darmstadt eine neue Pflegestätte schuf, 1771 im Bau des Exerzierhauses auf dem Paradeplatz (heute Friedensplatz). Wenn man so will, war dies die sichtbare Regierungserklärung des 1768 zur Regierung gekommenen Landgrafen von Hessen-Darmstadt. (Eine Regierungserklärung in entgegengesetzter Richtung gab der letzte Großherzog Ernst Ludwig bald nach seinem Regierungsantritt 1892; er ließ die Exerzierhalle abreißen und am gleichen Platz von 1896 bis 1906 das jetzige Landesmuseum erbauen.) Das Exerzierhaus war jedoch ein solches architektonisches Wunderwerk, daß wir es ausführlicher darstellen müssen. Hören wir die Schilderung eines Besuchers aus dem Jahre 1781 (zitiert nach „Darmstadt und sein Hof zur Zopfzeit", herausgegeben von Karl Esselborn):

„Mit wahrer Bewundrung seh' ich das Exerzierhaus, das der jetzt regierende Herr Landgraf hat aufbauen lassen. Es zeigt sich gleich hinter dem Schlosse, zu Ende eines sehr großen freien Platzes. Wegen seines großen Umfangs und der Größe des Platzes, der da etwas abwärts geht, kommt es dem Auge zu niedrig vor. Aus dem Dache weiß man in einer gewissen Entfernung gar nicht, was man machen soll, so sehr breit ist es. Ohnerachtet sechzehn Kamine hindurchgeführt sind, sieht man doch nicht einen Schornstein hervorragen. Aber auch an diesem

Das Exerzierhaus auf dem Paradeplatz in Darmstadt

Gebäude verursachen die zu niedrigen Fenster, daß es dem Auge weniger angenehm ist.

Es war schon ein dergleichen Exerzierhaus auf dem nämlichen Platz aufgeführt; da es aber beinahe gänzlich fertig war und der Herr Landgraf es in Augenschein nahm, fand sich's, daß es zu klein war. Es mußte alsogleich abgerissen und von Grund auf in größter Eil neu aufgebaut werden. (Anmerkung: Der Erbauer der ersten Halle, Baudirektor Mann, ward „unter die Pritsche gesteckt und dem Hohn der Soldaten preisgegeben", er soll bald darauf gestorben sein.) *Es arbeiteten beständig sechshundert Mann daran.* (Von Mai bis November 1771) *Die Tage wurden durch die Nächte verlängert, viele Pechpfannen erleuchteten die ganze Gegend und verschafften den Arbeitsleuten hinlängliche Helle, ganze Nächte hindurch fortarbeiten zu können. Mit diesem unaufhörlichen Fleiße brachte man dieses große Gebäude in Zeit von sechs Monaten zu Stande.*

Beim Hineintreten ward ich in Wahrheit durch die ausnehmende Größe überrascht und in Erstaunen gesetzt. Man denke sich einen ganz freien Saal, der ohne alle Unterstützung, ohne eine einzige Säule 272 französische Schuhe in der Länge und 134 in der Breite hat. (400 Fuß lang, 200 breit und mit dem Dach über 100 Fuß hoch) *Man wird sich meine Verwunderung vorstellen können. In der*

Höhe nimmt dieser Saal zwei Stockwerke ein, hat auch zwo Reihen Fenster übereinander; und da er an allen vier Ecken ganz frei steht, so hat er auch Helle genug. Er wird durch sechzehn Öfen erwärmt und hat seitwärts ein besonderes kleines Zimmer mit einem Kamin. Auf dem Boden sind die Montierungskammern angebracht, die sehr gut versehen sind.

Man muß ja nicht versäumen, auf diesen Boden zu gehen, um die sonderbare Zusammenfügung der Balken zu sehen, das das künstlichste und also auch das Interessanteste von der Konstruktion dieses sonderbaren Gebäudes ist. Ein hiesiger Zimmermann, namens Schuknecht, unternahm es, dieses Werk zu vollführen; seine Erfindung und die Ausführung davon ist so richtig und so gut, daß dieses Werk auch nicht im geringsten gewichen ist, noch sich gesenkt hat. Dieses Gebäude ist so einzig in seiner Art, daß diesem Meister aufgetragen ward, ein Modell hiervon nach Rußland zu schicken (für Kaiserin Katharina II.), *indem ein Saal zu Festlichkeiten in Moskau aufgebaut werden sollte; er schickte das Modell auch ab und zeigte dabei, wie ein solches Gebäude nach den nämlichen Grundsätzen noch breiter aufgeführt werden könnte."*

Johann Martin Schuknecht (* zu Bessungen 1724, † 1790) arbeitete sich vom Zimmermann zum fürstlichen Baumeister empor. Er ist auch der Erbauer des Kollegienhauses am Luisenplatz (heute Sitz des Regierungspräsidenten) und des Prinz-Emil-Schlößchens (heute Nachbarschaftsheim).

Gewährsleute vermelden, daß im Exerzierhaus am Paradeplatz 1500 Soldaten gleichzeitig gedrillt werden konnten und daß der Landgraf die Öfen vor allem seinetwegen hat einbauen lassen.

Vom „Trommler von Pirmasens" ist auch anderes, sehr Vorteilhaftes, zu vermelden: Er ließ den Galgen und die Tortur abschaffen. In seiner Regierungszeit sind nur drei Todesurteile vollstreckt worden, gegen Räuber und Straßendiebe. Das Ansinnen, einige seiner Soldaten, die man auf 6000 schätzte, nach Amerika oder andere Länder zu verkaufen oder auszuleihen, hat Ludwig IX. als „Menschenverkauf vor Blutgeld" weit von sich gewiesen – dies im Unterschied zu seinen Kasseler Vettern.

Sein Toleranzdenken erlaubte es ihm, den in der Stadt ansässigen reformierten Christen, die bis dahin nach Groß Zimmern zum Gottesdienst gehen mußten, mit Datum vom 27. Martii 1770 die Erlaubnis zu eigenen Gottesdiensten in der leerstehende Kapelle auf dem Gottesacker (am Kapellplatz) zu geben. Als die lutherische Geistlichkeit die Rechte der Reformierten eingeschränkt wissen wollte, daß man ihnen keine eigene Schule, kein Almosensäcklein, kein Geläute zugestehen solle, verfügte der Landgraf: „Da ich ihnen eine Kirche erlaube, so kann ich ihnen auch eine Schelle (Glocke) erlauben".

Den Katholiken, als deren „abgesagter Feind" Ludwig IX. sich 1774 bezeichnet hatte, lehnte er ein neuerliches Gesuch um Gottesdiensterlaubnis durch eigenes Handschreiben sehr energisch ab. Doch sein Sohn und Nachfolger Ludwig X. erteilte 1790 bald nach Regierungsantritt „den Römisch catholischen Untertanen und Einwohnern der Residenz Darmstadt wegen Ausübung ihres Gottesdienstes einen Freiheitsbrief".

Seine „Art zu denken", hat Ludwig IX. im Jahre 1752 von Prenzlau aus so beschrieben: „*Was ich bin, das bin ich; wie ich bin, so bleib ich; warum ich so bin, weiß ich; so sein, will ich; nicht anders zu werden, ist weislich; so zu verbleiben, denk ich; warum ich so bin, weiß ich; fest zu bleiben, ist rühmlich; so und nicht anders tu ichs; was anfangen und nicht ausführen, ist schimpflich; mit sich allerlei Possen treiben lassen, ist schädlich; dem Diener sich unterwerfen, ist despektierlich; den Diener vor den Herrn passieren lassen, ist närrisch; das End von dem Angefangenen nicht zu erwarten, ist lächerlich; seinem Feind (sich) zu unterwerfen, ist töricht; Befehl anzunehmen, von dem man nicht muß, ist verdrießlich; den Willen zu schaden, nicht vor die Tat nehmen, ist einfältig; alles Übel und Leid nicht aus Unvermögen exequiert (vollzogen) zu haben, ohnrekompensiert (unentschädigt) zu lassen, ist nicht großmütig; so zu denken ist standhaftig; so zu erfüllen fürstlich und so zu beharren reputierlich (achtbar). So ist meine Meinung gefaßt und das vorsätzlich, hierinnen zu beharren mir anständig, davon soll mich nichts abbringen, das ist hessisch, und nimmermehr zu weichen, preußisch, das Böse bestrafen brandenburgisch, vor nichts sich fürchten, ist heroisch.*"

66

Ludewig X./I.

* Prenzlau 14. 6. 1753, Landgraf 6. 4. 1790,
ab 13. 8. 1806 als Großherzog Ludewig I. † 6. 4. 1830

Der letzte Landgraf von Hessen-Darmstadt und erste Großherzog von Hessen und bei Rhein schaut seit dem 25. August 1844 ununterbrochen herab auf „sein dankbares Volk", das ihm dieses Monument errichtet hat. Die alten Darmstädter haben dieses Monument, das auf dem Luisenplatz steht (in Darmstadt heißen die Plätze immer anders, als die auf ihnen durch Denkmäler Geehrten; so steht das Alice-Denkmal auf dem Wilhelminenplatz, das Bismarck-Denkmal auf dem Ludwigsplatz, das Vogler-Denkmal auf dem Mathildenplatz etc.), immer ein wenig despektierlich „der lange Lui" genannt. Das ist Darmstädter Art, ein wenig zu spötteln und doch gleichzeitig dabei Reverenz zu erweisen.

Eigentlich sollte es ein Verfassungsdenkmal werden, um die „segensreiche Verleihung der Verfassung" vom 17. Dezember 1820 der Nachwelt in Erinnerung zu halten, aber schließlich wurde doch wieder ein Fürstendenkmal daraus. Der Entwurf stammt von dem Münchener Bildhauer Ludwig von Schwanthaler (1802–1842). Nach einem Modell von J. B. Stiglmaier wurde die 7 Meter hohe und 108 Zentner schwere Figur aus Kanonenmaterial in der Königlich-Bayerischen Erzgießerei gegossen. Die Sandsteinsäule mißt 20,37 m, hinzu kommt der Sockel mit 7,25 m. 172 Stufen führen im Inneren der Säule zur Plattform, die an bestimmten Tagen zugänglich ist. (Die Plattform des Stadtkirchturms ist höher und sie zu erklimmen weit bequemer.) Die Baukosten kirchturms höher und sie zu erklimmen weit bequemer.) Die Baukosten betrugen 60 675 Gulden, wovon 50 425 Gulden durch Spenden aufkamen, den Rest bezahlte der Staat. Die Steinmetze am Monument hießen Reitz und Fischer und stammten wie auch der Sandstein aus Raibach im Odenwald. Architekt am Bau war Hofbaumeister Paul Arnold. Die Grundsteinlegung erfolgte am 14. Juni 1841, die Enthüllung am 25. August 1844.

Der Ruf nach einem Denkmal für Ludewig I. erging erstmals 1837, die Folge war ein Ausschuß unter Leitung des Oberbaudirektoren Dr. Georg Moller.

Großherzog Ludwig II. im Familienkreise bei Betrachtung des Modells zum Denkmal Ludewig I. Nach einer Skizze ausgeführt und die Porträts nach dem Leben auf Stein gezeichnet von Carl Kratz um 1844. An der Wand: Das Bild der Großherzogin Wilhelmine. Hintere Reihe: Prinz Carl, Prinz Georg, Prinz Friedrich, Großherzog Ludwig II., Erbgroßherzog Ludwig (III.), Prinz Alexander, Großfürst Alexander (später Zar Alexander II. von Rußland), Prinz Emil. Vordere Reihe: Prinzessin Carl mit Prinz Ludwig (IV) und Prinz Heinrich, Erbgroßherzogin Mathilde, Prinzessin Marie (später Gemahlin Zar Alexander II.)

Die Grundsteinlegung des Ludewig-Monuments

am 14. Juni 1841 vor dem Alten Palais

69

Außer Schwanthaler waren auch die Bildhauer Christian Rauch aus Berlin (1777–1857 – von ihm stammen das Grabdenkmal der Königin Luise in Charlottenburg, das Reiterstandbild Friedrich II. von Preußen, auch das Grabmal des 1826 verstorbenen kleinen Prinzeßchen Elisabeth im alten Mausoleum auf der Rosenhöhe, eine liegende Kindergestalt in Lebensgröße aus carrarischem Marmor, 1831 errichtet) und der ortsansässige Johann Baptist Scholl d.J. (1818–1881) zu Entwürfen aufgefordert. Scholl, dem wir auch die Figuren Philipp des Großmütigen und Georg I. im südlichen Eingang zum Schloß verdanken, zeichnete dann verantwortlich für den Schmuck an der Säule, den Wulst am Schaft mit Lorbeerkranz und Bändern, dem sogen. Eierstab mit Perlen an dem Würfel des Säulenfußes.

Der Großherzog ist auf dem Monument im reifen Mannesalter dargestellt, mit etwas vorgebeugtem, unbedeckten Haupt, wie er sich zu geben pflegte. Er trägt Generalsuniform mit Epauletten, das große Band mit dem Stern des Ludwigsordens ist angelegt. Der Mantel bedeckt den unteren Teil des Körpers und gestattet dem Künstler den antiken Faltenwurf. Die Linke hält in der Nähe des Degengriffs den Mantel zusammen, die niedergesunkene Rechte hält die

Die Enthüllung des Ludewig-Monuments am 25. August 1844.

Verfassungsurkunde. Der Fürst schaut nach Westen, Rhein-wärts, denn er hat das Land um jenes Gebiet am Rhein erweitert und aus ihm ein vergrößertes Großherzogtum von Hessen und bei Rhein gemacht.

Drei Tage lang wurde gefeiert. Bei dem Festzug und der Denkmalsenthüllung war darauf geachtet worden, daß die drei Provinzen des Landes – Starkenburg, Oberhessen und Rheinhessen – gleichmäßig vertreten waren und dadurch die Verbundenheit des gesamten Landes sinnfällig zum Ausdruck kam. Eine eigens zum Tage komponierte Kantate, für deren Text Gymnasiallehrer K. Bauer und Musik-Hofkapellmeister C. Mangold verantwortlich zeichneten, pries den Großherzog als *„Ludwig, der Weise, der Milde, Gerechte, der treue Pfleger des Schönen und Guten, Gesetzesgründer, der Mitwelt Lust, der Nachwelt Stolz, der vierzig der Jahre in Leid und Freude des Vaterlandes Vater!"* Die 600 von der Hofkapelle begleiteten Sänger entstammten den fünf blühenden Darmstädter Gesangvereinen, der „Dilettanten" (Musikverein), des „Mozart-Vereins", der „Liedertafel", des „Sängerkranzes" und der „Harmonie".

Der Präsident der Zweiten Kammer der Landstände, Geheimer Staatsrat Schenk, hielt nach Segensworten des evangelischen Prälaten Dr. Köhler – der Bischof von Mainz war auch zugegen – die Laudatio: *„Lebendig ist heute die Erinnerung, wie er mit hoher Gerechtigkeit allen Gleichheit vor dem Gesetz gewährte in Rechten und Pflichten; wie er Glauben und Gewissen frei machte, wie er die Schranken fallen ließ, welche die freie Wahl des Berufs einengten; wie er die öffentlichen Abgaben auf alle Schultern gleich verteilte und die Allgemeinheit der Wehrpflicht verkündigte ... wie er endlich, was er seinem Volk aus freier Bewegung seines großen und edlen Herzens gegeben und gewährt, befestigte durch das kostbare Geschenk der Verfassungsurkunde."*

Daraufhin fiel die Hülle unter dem Geläute der Glocken, dem Donner von 101 Kanonenschüssen, dem Jubel der Musik und der tausend Stimmen, dem Schwenken der Fahnen und Hüte. Großherzog Ludwig II. konnte in seinem Manifest vom 28. August 1844 sagen: *„Die Festtage der Enthüllung des von der Dankbarkeit eines treuen Volkes Unserem in Gott ruhenden Vater, Ludewig I., errichteten Monuments haben uns mit inniger Freude und Rührung erfüllt."*

An dem Ludwigs-Monument läßt sich die Bedeutung des ersten Großherzogs erläutern und ablesen: Er hat sein Land durch schwierige Zeiten hindurch geschleust, es sehr wesentlich erweitert und Voraussetzungen geschaffen, durch die das Land Hessen gebietsmäßig und politisch bis 1918 als Großherzogtum und dann bis 1945 als Volksstaat zu bestehen vermochte.

Die Geburt Ludewigs 1753 in Prenzlau wurde in Darmstadt freudig begrüßt und mehrere Tage lang gefeiert; man hatte lange auf den Thronfolgers warten müssen. Man erzählt sich, daß beim unaufhörlichen Vivat-Rufen in Darmstadt sämtliche Gläser an die Wand geworfen worden seien. Nach den Festtagen sollen in keinem Wirtshaus mehr Gläser vorhanden gewesen sein, die Wirte hätten sich eiligst neue von Frankfurt beschaffen müssen.

Die Erziehung des Erbprinzen war Sache seiner Mutter Caroline, zuerst in Prenzlau, ab 1757 in Buchsweiler, seit 1765 in Darmstadt. Sie beobachtete den Sohn besonders und teilte ihre Beobachtungen den Beratern und Lehrern mit. Neben der Kräftigung des Körpers, der Ausbildung im Wissen war der Mutter die Bildung des Charakters besonders wichtig. *„Ich will nicht, daß ein Kind von mir sich einbildet, es sei mehr wert als andere Menschen"*, schrieb Caroline einmal. 1769 zog der Prinz auf die Universität Leyden. Es schlossen sich Reisen an nach den Niederlanden, nach England und Frankreich. Die Vermählung der Schwester Wilhelmine in Petersburg war Anlaß, 1773 nach Rußland zu kommen. Dort blieb Ludewig in militärischen Diensten als Generalmajor bis 1775. Dabei erwarb er sich in Kämpfen gegen die Türken an der Donau auch militärische Lorbeeren. Es schloß sich ein Aufenthalt in Weimar an bei Herzog Carl August, der seine Schwester Louise geheiratet hatte. In Weimar wirkten Goethe, Wieland und Herder. Eifrig wurden Briefe zwischen Weimar und Darmstadt gewechselt, Empfänger in Darmstadt war Kriegsrat Merck.

„Von Eurem Erbprinzen kann und soll ich viel Gutes melden," so Wieland unter dem 9. September 1776 an Merck, *„er ist vom Herzog in allen seinen kleinen parties de plaisir unzertrennlich gewesen, hat Goethen lieb gewonnen, und Goethe ist ihm auch gut. Sein hiesiger Aufenthalt ist ihm im Ganzen vorteilhaft gewesen, denken wir, und Ihr werdet spüren, wenn er wieder nach Darmstadt kommt. Goethe bittet Sie nur, etwas von Ihrer gewöhnlichen Reserve mit dem Fürsten bei ihm nachzulassen, und so offen und natürlich mit ihm zu sein, als er seines Ortes Sie durch sein Betragen dazu einladen wird. Er hat starke Eindrücke bekommen, was ein Mann wie Ihr wert seid…"*

Goethe wird wohl den Erbprinzen von Hessen charakterisiert haben, wenn er in seinem Gedicht „Ilmenau" formuliert:

> *„Wie nennt ihr ihn? Wer ist's, der dort gebückt*
> *nachlässig stark die breiten Schultern drückt?*
> *Er sitzt zunächst gelassen an der Flamme,*
> *die markige Gestalt aus altem Heldenstamme.*
> *Er saugt begierig am geliebten Rohr,*
> *es steigt der Dampf an seiner Stirn empor.*
> *Gutmütig weiß er Freud und Lachen*
> *im ganzen Zirkel laut zu machen,*
> *wenn er mit ernstlichem Gesicht*
> *barbarisch bunt in fremder Mundart spricht."*

Am 16. September 1776 schrieb Goethe an Merck: *„Dein Erbprinz kommt bald zu euch, den empfehl ich Dir sehr, er ist eine große, feste, treue Natur, mit einer ungeheuren Imagination und einer graden tüchtigen Existenz. Wir sind die besten Freunde; zu Dir hat er schon viel Zutrauen, sei nur ganz wie Du bist gegen ihn, er bedarf sehr Menschen zu finden. – Ich wünschte gar sehr um beider willen, daß ihr gut zusammen stehen möchtet."*

Nachdem der Erbprinz nach Darmstadt zurückgekehrt war, schrieb Wieland am 7. Oktober 1776 an Merck: *„Daß Sie Ihren Erbprinzen so finden, wie wir ihn versprochen haben, freut uns. Wir haben ihn alle herzlich lieb gewonnen. Er ist, wie Sie sagen, ein selbständiger und im Grunde ein gutherziger Sterblicher mit einer Ader von der seltsamen Originallaune. Gnade Gott jedem in seinem Lande, der unterm Hut und unterm Brustlatz nicht fest, wenn er einmal zur Regierung kömmt."*

Zwar dauerte es bis dahin noch einige Jahre, aber nachdem er am 19. Februar 1777 seine Cousine Louise (* Darmstadt 15. 2. 1761, † Auerbach 24. 10. 1829), Tochter des Prinzen Georg Wilhelm von Hessen-Darmstadt und der Marie Louise Albertine Gräfin von Leiningen-Heidesheim-Dagsburg, geehelicht hatte, bezog der Erbprinz Wohnung in Darmstadt und teilte sich in die Repräsentationspflichten mit seinen Schwiegereltern. Auf die für ihn vorge-sehene Frau, eine Prinzessin Dorothea von Württemberg, hatte Ludewig auf Weisung König Friedrich II. von Preußen zugunsten seines verwitweten Schwagers, des Großfürsten Paul von Rußland, verzichtet.

„Ihro Durchlaucht, der Herr Erbprinz ist von sehr ansehnlicher Größe und guter Bildung, gnädig und freundschaftlich im Umgang," schrieb ein Besucher am Hofe 1781, *„und bei allen Vorfallenheiten leuchtet die Güte seines Herzens hervor. Er haßt die Untätigkeit und weiß sich den ganzen Tag hindurch zu beschäftigen. Die Besorgung der Geschäfte, die ihm sein Herr Vater aufgetragen hat, dann die Lektüre füllen viele Stunden aus; bisweilen auch die Parforcejagd. Die Lieblingsbeschäftigung aber ist Musik…*

Ihro Durchlaucht die Frau Erbprinzessin verbindet mit einem sehr schönen Äußeren ein vortreffliches, teilnehmendes Herz und viele Talente…

Prinz Georg Wilhelm (1722–1782), der Herr Bruder des regierenden Herrn Landgrafen (Ludwig IX.) residiert gleichfalls in Darmstadt. Auch dieser hat eine sehr zahlreiche Familie. Der Herr Erbprinz (Ludwig X.) heiratete vor einigen Jahren die dritte Tochter des Prinzen Georg, Prinzeß Louise, eine von den seltenen Schönheiten mit schönem dicken braunem Haarwuchs und hellblauen Augen unter dunklen breiten Augenbrauen, dabei von feinem Wuchs und liebreichen Gesichtszügen. Auch von dieser Ehe sind schon wieder drei Kinder vorhanden. (Ludwig * 1777, Louise Amalie * 1779, Georg * 1780)

Das Fürstenlager zu Auerbach. Aus einem Stahlstich von Joh. Poppel

Es werden bisweilen Konzerte teils bei Hof, teils aber auch in dem Opernhause aufgeführt. Da der Herr Erbprinz ein großer Liebhaber von Musik ist, arbeitet er unaufhörlich an ihrer Vervollkommnung. Er spielt allemal selbst die erste Violine; der größte Teil der Musiker besteht aus Liebhabern, und es kommen mehr denn vierzig Instrumente zusammen. Es wird sehr gute Musik aufgeführt, und die Präzision, womit das Ganze zusammengeht, ist dabei zu bewundern."

Bis zur Regierungsübernahme im Jahre 1790 konnten Ludewig und Louise noch einige unbeschwerte Jahre genießen, in Darmstadt, aber auch im Fürstenlager Auerbach bei Bensheim, ihrem Lieblingsort während der Sommermonate. Die dortige Quelle, „Gesundbrunnen" genannt, die man 1739 fand und 1766 neu faßte, war leider nicht so wirksam, um daraus einen Kurort zu machen. Aber die Vorliebe des Erbprinzenpaares für dieses schöne Fleckchen Erde an der Bergstraße ließ hier durch Anlage des Parkes mit exotischen Bäumen, Hainen, Laubengängen, Freundschaftstempelchen, dem Herrenhaus, den Wirtschafts-gebäuden und einer Wache eine Oase der Erholung schaffen. Der Charakter von damals ist nicht sehr verändert, und ein Besuch dieses Fürstenlagers kann nur empfohlen werden.

Die jetzigen Gebäude sind 1768 und ab 1783 entstanden, das Wachhäuschen,

Erbprinz Ludewig I. Gemälde von Johann Heinrich Schmidt

der Kavaliersbau, die Stallungen. Auf der Höhe des Parks steht ein „Freundschaftsaltar" mit einem doppelten L und der Inschrift: „A LA VRAI AMITIÉ", „der wahren Freundschaft heilig". Da im gleichen Jahr Marie Antoinette, Tochter der Kaiserin Maria Theresia und Gemahlin Ludwig XVI. von Frankreich, der Frau Prinzessin von Hessen-Darmstadt ihr Bild schenkte, vermutet man, der Altar sei der Freundschaft mit ihr gewidmet. Daß Großherzogin Louise ihren beiden früh verstorbenen Schwestern Friederike und Charlotte im Fürstenlager ebenfalls ein kleines Denkmal gesetzt hat, wurde schon erwähnt.

Die Regierung Ludewig X. – Ludewig I. nannte er sich erst seit 1806 als Großherzog – fing nicht allzu glücklich an. Kaum hatte er sich in dem Hanau-Lichtenbergischen Gebiet in Pirmasens und Buchsweiler huldigen lassen – in Pirmasens als der Sohn seines großen Wohltäters, in Buchsweiler als Sohn der sehr geliebten Landgräfin Caroline –, da nötigten ihn die Revolutionskriege, den sich ändernden Verhältnissen seinen Tribut zu zahlen: Verlust der linksrheinischen Besitzungen an Frankreich 1792 und Eingliederung seiner Truppen in das Reichsheer, das den eingedrungenen französischen Heeren Einhalt gebieten sollte. Ludewig selber, zwar kein Freund der französischen Revolution – er ist zeitlebens ein absolutistisch denkender Fürst geblieben –, aber später ein großer Freund und Verehrer Napoleons – *„Napoleon ist mein Freund, ich bin ihm Dank schuldig und ich werde ihm dankbar sein, so lange ich lebe"* (1814) –, versuchte sich große Zurückhaltung aufzuerlegen. Seine Truppen, man gibt 5000 an, brachte er nach Gießen, während die Franzosen fast bei Frankfurt am Main standen. Als er dann sein Unvermögen erklärte, seine Truppen weiterhin unterhalten zu können, übernahmen der deutsche Kaiser und England die Kosten. Aber das bedeutete nun Einsatz des hessischen Subsidienkorps in den Niederlanden, im Elsaß und am Mittelrhein. Geheime Verhandlungen mit dem Ziel, durch Neutralitätserklärung gegenüber Napoleon zu einer Entschädigung für die an Frankreich verlorenen Hanauer Gebiete zu kommen, führten nicht zum Erfolg. So mußte sich Ludewig mit den militärischen Aktionen der Reichsheere solidarisieren. Ludewig selbst regierte zeitweilig von Gießen aus, das sicherer war als Darmstadt, welches 1796 von französischen Truppen unter General Jourdan besetzt wurde.

Da die auferlegten Kriegskontributionen in Darmstadt nicht aufgebracht werden konnten, wurden zehn der angesehensten und reichsten Bürger als Geiseln weggeführt, unter ihnen Staatsminister Freiherr von Lehmann, Regierungsrat Georg Ludwig May und Kammerrat Philipp Engel Klipstein. Das Kriegsglück wendete sich für kurze Zeit noch einmal zu Gunsten der Reichsheere, die die französischen Heere bis zum Rhein zurückdrängen konnten. Aber hier waren Erfolge und Waffenruhe des Jahres 1795 nur von kurzer Dauer. Die Erfolge Napoleons in Italien und die neuerlichen Angriffe seiner Heere mit Wien als Ziel nötigten den deutschen Kaiser zum „Präliminarfrieden zu Leoben" und endgültigen Frieden von Campo Formio. Im Frieden von Luneville von 1801 wurde der Verzicht auf die linksrheinischen Gebiete und die.Niederlande zu Gunsten Napoleons endgültig.

Daß diese Revolutionskriege auch friedliche Intermezzi hatten, mag anschaulich werden an den Freuden, die sie Prinzessin Luise von Mecklenburg-Strelitz (1776–1810), der späteren Königin von Preußen, brachten. Sie weilte 1793 auf Schloß Braunshardt, dem Landsitz ihrer Großeltern, des Prinzen Georg Wilhelm von Hessen und der Marie Luise Albertine geb. Leiningen. Dort konnte sie ihren Bräutigam Friedrich Wilhelm von Preußen bald nach ihrer Verlobung – sie erfolgte am 24. April 1793 in Darmstadt – empfangen. Er war mit den preußischen Truppen in Mainz stationiert (Beide sind die Eltern Kaiser Wilhelm I., 1797–1888). Paul Bailleu schildert in seinem Lebensbild „Königin Luise" (1908) diese Begegnung:

„Bald darauf – nach dem 8. Juli 1793 – siedelten die Prinzessinnen – Luise und ihre Schwester (Friederike) – mit ihrer Erzieherin, Fräulein von Gélieu, nach Braunshardt über. Ein kleines Mansardenzimmer, von dem aus man die Beschießung von Mainz beobachten konnte, umschloß Luise und ihr bräutliches Glück. Aber wie war es so kühl da oben und so traulich und gut, und wie hell erklang Luisens Stimme, wenn Fräulein von Bose, der Großmutter Hofdame, ihr Gesangsunterricht erteilte. Fleißig ging sie auch im Schloßgarten spazieren und trank Pyrmonter Brunnen, eingedenk der besorgten Mahnungen des Kronprinzen.

Noch lieber fuhr Luise spazieren und hielt selbst die Zügel, um allmählich in den Weg nach Groß Gerau einzulenken, wo der Kronprinz erwartet werden konnte. Wenn er dann kam in seiner schlichten Weise, setzte man sich zuerst zu einem Festmahl von Schwarzbrot mit frischer Butter, dann ging es hinaus in den Garten, dessen Laubgänge das Brautpaar besonders liebte; und alle waren glücklich… Auch der Fall von Mainz, das sich am 3. Juli endlich ergab, brachte in dem häufigen Verkehr zunächst kaum eine Änderung. Der Kronprinz besah sich die eroberte Stadt, in deren Verschanzung er nun froh den Preußenmarsch schlagen hörte; er traf dort mit Luise zusammen und kehrte gemeinsam mit ihr nach Braunshardt zurück. Dann, am Abend des 26. Juli, während Luise und Friederike ihm von ihren Fenstern lange nachsahen und nachwinkten, brach der Prinz auf, um in beschwerlichem Nachtmarsch die vorausgerückten Truppen in der Pfalz zu erreichen."

Zum Geburtstag am 3. August sandte Luise ihrem Bräutigam einen tragbaren Schreibsekretär „zu vielen Briefen" an sie und ihren eigenen Malkasten.

Der Friede von Luneville brachte für die Frankreich benachbarten und durch seine Annektionen geschädigten Länder erhebliche Verluste. Hessen-Darmstadt war davon auch betroffen. Und doch kam von einer Seite Hilfe, da sie am wenigsten zu erwarten war: durch die Bestimmungen des „Reichsdeputationshauptschlußes" von 1802 bzw. 25. Februar 1803. Die geistlichen Fürstentümer wurden säkularisiert (d.h. z.B. Mainz und Worms wie auch alle sonstigen politischen Herrschaftsbereiche unter Oberhoheit eines Bischofs hörten auf, ein Staat zu sein). Mit diesen Gebieten sowie den ehemals freien Reichsstädten entschädigte man die durch Napoleons Annektionen geschädigten Fürstentümer. Bis 1803 war es im „Heiligen Römischen Reich deutscher Nation" die Regel – sie geht auf Kaiser Otto I. († 973) zurück –, daß Bischöfe und Erzbischöfe in ihrem geistlichen Bereich (Diözese) auch Fürsten, also weltliche Herrscher, waren. Diese Regelung war eingeführt worden, damit das auf Stärkung seiner Zentralgewalt bedachte deutsche Kaisertum bei jeder Neuwahl eines Bischofs, der somit auch Fürst war, die Möglichkeit hatte, einen ihm genehmen Mann zum Zuge kommen zu lassen. Viel Unheil ist aus dieser Regelung erwachsen: der Investiturstreit des frühen Mittelalters – wer bestimmt den Bischof, der Papst oder der Kaiser? –, die Verweltlichung des Episkopats – die Bischöfe wollten auch repräsentieren wie ihre nur weltlichen Kollegen, deshalb bauten sie auch ihre Schlösser und Sommerresidenzen, an denen wir uns heute kunstgeschichtlich erfreuen, wie an den Residenzen in Würzburg und Aschaffenburg und vielen anderen.

So war es ein Segen für Staat und Kirche, als 1803 die Bischöfe, ihrer weltlichen Herrscherfunktion entkleidet, sich wieder verstärkt ihren geistlichen Aufgaben zuwenden konnten. Hessen-Darmstadt war in ganz erheblichem Ausmaß Nutznießer. Begünstigt wurden Hessens Erfolge durch die verwandtschaftlichen Beziehungen zu Rußland, das neben Frankreich ein Hauptwort in der Regelung der deutschen Angelegenheiten sprach. Daneben war es das große Verhandlungsgeschick des Darmstädter Unterhändlers, Minister Baron Karl Ludwig von Barkhausen-Wiesenhütte, das so erheblichen Landgewinn einbrachte.

So erhielt Hessen-Darmstadt 1803 die Mainzischen Ämter Gernsheim, Heppenheim, Lorsch, Fürth, Steinheim, das Freigericht Alzenau (später an Bayern abgegeben), die Hälfte von Vilbel, Rockenberg, Haßloch, Astheim und Hirschhorn; die Höfe Mönchhof, Gundhof und Klarenberg. Aus Pfälzer Besitz kamen an Hessen die Ämter Lindenfels, Umstadt mit der Feste Otzberg, die Reste der Ämter Alzey und Oppenheim diesseits des Rheins, die rechtsrheinischen Gebiete des Bistums Worms, die Abtei Seligenstadt, die Propstei Wimpfen, die Abtei Marienschloß bei Rockenberg, die freie Reichsstadt Friedberg; außerdem fiel Hessen das Herzogtum Westfalen zu. Alte Differenzen mit den Isenburger und Solmser Nachbarn wurden durch Gebiets- und Geldzusagen aus der Welt geschafft. Verloren gingen das Hanau-Lichtenberger Gebiet, der Darmstädter Anteil an der Niedergrafschaft Katzenelnbogen (Ems und Braubach) und Eppstein.

Verlusten von 13 Quadratmeilen Land mit 45000 Einwohnern und 390000 Gulden standen Gewinne von 95 Quadratmeilen Land mit 124500 Einwohnern und 753000 Gulden Einkünften gegenüber. Freilich mußten von Hessen-Darmstadt eine Million Gulden für die Gebiete jenseits des Rheins gezahlt, die Deputatgelder an Hessen-Homburg um ein Viertel erhöht und an die Herrschaft Sayn-Wittgenstein-Berleburg jährlich 15000 Gulden für die Verluste durch Zueignung Westfalens zugesagt werden.

Das neue Land wurde in drei Provinzen unterteilt: Starkenburg, Oberhessen und Westfalen mit den jeweiligen Provinz-Regierungssitzen Darmstadt, Gießen und Arnsberg. Die drei Provinzen unterstanden einer Zentralverwaltung unter dem Fürsten: dem Geheimen Ratskolleg oder Ministerium mit den Departements des Äußeren, des Inneren und der Finanzen. Außerdem gab es die Haupt- oder Generalkasse, das Oberappelationsgericht, das Oberkriegs-, Oberforst- und Oberbaukollegium.

Der neue Titel des Fürsten lautete jetzt „Landgraf zu Hessen, Herzog in Westfalen und Engern, Pfalzgraf bei Rhein, Fürst zu Hersfeld und Starkenburg, Graf zu Arnsberg und des Heiligen Römischen Reiches Vorfechter zwischen Rhein und Weser, Graf zu Katzenelnbogen, Dietz, Ziegenhain, Nidda, Hanau, Schaumburg, Isenburg und Büdingen, Herr zu Friedberg und Wimpfen."

Ludewig glaubte trotz dieses erheblichen Gebietsgewinns sich weiter der Forderung Napoleons widersetzen zu können, so wie Bayern, Baden und Württemberg sich mit ihm zu verbünden. Erst nach mehrmaliger Aufforderung und der Drohung, das Land zu besetzen, fügte sich Ludewig. Er verbündete sich am 10. Januar 1806 mit Frankreich und wurde dann auch Mitglied des am 12. Juli 1806 errichteten Rheinbundes. Als Sitz wurde Frankfurt bestimmt, Mitglieder des Rheinbundes wurden Bayern, Württemberg, Baden, der Großherzog von Berg, Hessen-Darmstadt, Nassau-Usingen und Weilburg, Hohenzollern, Salm, Isenburg, Aremberg, Lichtenstein und von der Leyen; weitere Fürsten folgten später. Es gab kein anderes Mittel, um das Land zu erhalten, als die Mitgliedschaft im Rheinbund.

Der Landgraf erhielt durch Bundesakte den Titel „Großherzog" mit dem Prädikat „Königliche Hoheit", volle Souveränität und alle mit der königlichen Würde verbundenen Rechte gleich denen der anderen Mitglieder. So hatten Bayern und Württemberg bereits den Königstitel, Baden den eines Großherzogs erhalten. Den Untertanen gab der Großherzog am 13. August 1806 diese neue

Regelung bekannt mit der Hoffnung, daß *„die ihm mit der neuen Würde verbundene Gewalt die Aussicht eröffne, das Glück der Angehörigen und die Wohlfahrt des Staates noch wirksamer als bisher erhöhen und befestigen zu können".*

Die neue Würde brachte abermals erhebliche Gebietserweiterungen: die sogen. Reichsständischen Besitzungen wurden mediatisiert, d.h. mittelbar gemacht, der Oberhoheit des Großherzogs unmittelbar unterstellt. Besitz- und Herrschaftsrechte wurden belassen, soweit sie nicht zur Souveränität des Landesherren (Gesetzgebung, obere Gerichtsbarkeit, Polizeigewalt, militärische Aushebungsbefugnis) gehörten. Diese Maßnahme hatte also zur Folge, daß die bisher selbständigen Herrschaften der Grafen von Erbach, Schlitz, des Burggrafen von Friedberg, Breuberg, Ilbenstadt, der Solmsischen und Riedeselschen Häuser, auch die Grafschaft Wittgenstein, dem Land Hessen eingegliedert und dem Großherzog unterstellt wurden. Aus den bisherigen Regenten wurden „Unterregenten", die „Standesherren" im Großherzogtum. Um es an der Erbacher Grafschaft zu verdeutlichen: Aus den bisher Erbacher Untertanen wurden hessische, nur, daß die Grafen gewisse mindere Rechte behielten. Daß es längerer Zeit bedurfte, sich an diesen neuen Zustand zu gewöhnen, verwundert nicht. Es verblieben auch dann noch Möglichkeiten, die Eigenständigkeit zu pflegen: der Eulbacher Markt zu Erbach, von dem bedeutenden Grafen Franz I. gestiftet, eines der größten Volksfeste im Starkenburger Land, ist Ausdruck solch wertbewußter Eigenständigkeit.

Die politischen Veränderungen des Jahres 1806 nötigten zu verschiedenen Maßnahmen: Die Verfassung und Verwaltung mußten vereinheitlicht und modernisiert, die Befugnisse der Standesherren festgelegt, überholte Rechtsnormen wie Frondienst und Leibeigenschaft beseitigt werden. Die neuen Verhältnisse dienten auch als Begründung, am 1. Oktober 1806 die „Landesstände" aufzuheben. Diese waren das seit langem nicht mehr bemühte Entscheidungsgremium (z.B. Steuerbewilligungsrecht), das bei allen wichtigen Maßnahmen des Souveräns mitzuwirken hatte. Es bestand aus 3 Vertretern der Kirchen, 20–30 Angehörigen des Adels und 23 der Städte. Jetzt wäre es hinderlich gewesen bei der Festsetzung wesentlich erhöhter Steuern. Denn die Schuldenlast lag im Jahre 1807 bei zweieinhalb Millionen Gulden gegenüber 500000 Gulden, die an Einnahmen zu erwarten waren (lt. Demandt).

Die Landgewinne der Jahre 1803 und 1806 von Napoleons Gnaden mußten natürlich mit Gegenleistungen abgegolten werden, durch Unterstützung der napoleonischen Feldzüge durch hessische Truppen. Es begann mit dem Krieg gegen Preußen 1806 – wenn auch die Hessen bei Jena und Auerstädt nicht mehr zum Einsatz kamen – und endete mit der Völkerschlacht bei Leipzig im Oktober

1813, wo sie mit Napoleon zu den Verlierern gehörten. Von Lissabon bis Moskau waren hessische Truppen im Einsatz, zuletzt unter dem Prinzen Emil (* 3. 9. 1790, † 30. 4. 1856), dem als Heerführer wohl berühmtesten Prinzen von Hessen-Darmstadt, einem Sohn Ludewig I. Im Prinz-Emil-Schlößchen, seinem Ruhesitz, in dem einstmals auch der Minister Moser gewohnt hatte, und dem Prinz-Emil-Garten an der Heidelberger Straße ist sein Name erhalten.

Anfänglich kurz in preußischen Diensten wurde Prinz Emil als General Führer der hessischen Truppenkontingente in Napoleons Rußlandfeldzug. 1812 war Emil meist in Napoleons Hauptquartier. Er soll den Prinzen zum König von Preußen ausersehen haben. In der Schlacht bei Leipzig, die Napoleons Untergang besiegelte, soll er Prinz Emil angefeuert haben mit den Worten: „En avant Roi de Prusse!" („Vorwärts, König von Preußen!") Mit fünf hessischen Bataillonen kapitulierte Prinz Emil bei Leipzig. Als sein Vater, Ludewig I., als letzter der süddeutschen Fürsten in der Dörnigheimer Allianz-Konvention am 2. November 1813 auf die Seite der Alliierten übergewechselt war, führte Prinz Emil als General die hessischen Truppen in den Jahren 1814 und 1815 nun gegen Napoleon. In zwei lesenswerten Bänden der „Hessischen Volksbücher" sind Schilderungen der Erlebnisse hessischer Truppen in den Napoleonischen Kriegen veröffentlicht, in Band 1 „Friedrich Peppler, Schilderung meiner Gefangenschaft in Rußland vom Jahre 1812 bis 1814" und Band 13/14 „Die Hessen in Spanien und in englischer Gefangenschaft 1808–1814", beide herausgegeben von Karl Esselborn.

Ein bis heute sichtbares Denkmal für die von 1792–1815 gefallenen Großherzoglich Hessischen Krieger stand zuerst auf dem Marienplatz und wanderte 1902 in den Herrngarten. Leider ist es nicht ausreichend geschützt, um es als Zeitdokument zu erhalten. Der Prinz-Emil-Veteranen-Verein, der am 28. Mai 1840 auf dem Felsberg bei Reichenbach im Odenwald gegründet wurde, hat das Denkmal errichten lassen. Im Volksmund heißt es „Riwwelmathes", benannt nach einem Veteranen Matthias Riebel aus der Dieburger Gegend, der dem Hofbildhauer Johann Baptist Scholl Vater und Sohn für den bärtigen Krieger Pate gestanden hat. Bei der Einweihung sollen die Veteranen ihren Kameraden auf dem Denkmal wiedererkannt haben, „des is jo de Riwwels Matthes".

Das Denkmal ist eine zehn Meter hohe gotische Pyramide von rotem Rauentaler Sandstein. In der Mitte der Vorderseite in einer Nische ist die Gestalt eines gewappneten, gehörnten altchattischen Kriegers in Lebensgröße mit Helm, Schild und Schwert aus grauem Schweinfurter Sandstein. Unter dem Standbild der hessische Wahlspruch: „Gott, Ehre, Vaterland". Auf dem Schild: „Den in den Schlachten von 1792-1815 gefallenen Großherzoglich hessischen Kriegern gewidmet von ihren Waffengefährten." Wie viele es waren, läßt sich schwer ermitteln; man weiß jedenfalls, daß von 5000 hessischen Soldaten, die 1812 nach Rußland zogen, noch 500 zurückkehrten. Unter dem beschrifteten Schild findet sich das hessische Wappen. Die drei übrigen Seiten enthalten die Namen der Schlachten und Haupttreffen von 1792 bis 1815, von 27 Hauptschlachten und 40 kleineren Treffen. Auf der Rückseite steht zu lesen: „Die Errichtung dieses Denkmals war Aufgabe des Prinz-Emil-Veteranen-Vereins. Ausgeführt von J. B. Scholl. Enthüllt den 9. Juni 1852."

Aus dem General Prinz Emil wurde dann der Politiker, und zwar ein sehr streitbarer. Er war, nachdem 1820 die neue Verfassung in Kraft gesetzt war, der erste Präsident der Ersten Kammer des Großherzogtums. Zu ihr gehörten die Prinzen des großherzoglichen Hauses, die Häupter der standesherrlichen Familien, der Bischof von Mainz, ein Vertreter der evangelischen Kirche mit der Bezeichnung „Prälat", der Kanzler der Landesuniversität Gießen und vom Großherzog berufene verdienstvolle Staatsbürger. Die Zweite Kammer bestand aus 50 Abgeordneten: 6 vom Adel zu bestimmende Grundbesitzer, 10 Abgeordnete der Städte Darmstadt, Mainz, Gießen, Offenbach, Friedberg, Alsfeld, Worms und Bingen – für Darmstadt und Mainz je zwei –, schließlich 34 Abgeordnete nach besonderem Wahlrecht.

Prinz Emil, der verlockende militärische Positionen außerhalb Hessens ausschlug, weil er sich dem Vater gegenüber zum Verbleib in Hessen verpflichtet hatte, war „eine Säule der hochkonservativen Partei Süddeutschlands", der „nur in und mit dem monarchischen Prinzip lebt, das er wie ein wahrer Chevalier zu verteidigen versteht". Bei den Verfassungsverhandlungen versuchte er seinen Vater, Ludewig I., in dem monarchischen Prinzip zu bestärken und ihn daran zu hindern „der Modekrankheit der Konstitutionssucht" zum Opfer zu fallen. Er lebte in einer „schwärmerischen Überschätzung des dynastischen Systems" und verstand es zeitlebens, seinen Einfluß aufrechtzuerhalten. Sein Einfluß wuchs noch, als sein recht schwacher Bruder, Ludwig II., zur Regierung kam, sank wieder unter seinem Neffen Ludwig III., der ihm nicht sonderlich hold war. Seine Haltung gegenüber den rebellischen Bauern in Oberhessen im Jahre 1830 und auch 1848 hat ihm den Ruf eines argen Reaktionärs eingetragen. Dessen ungeachtet war der militärische Ruhm des Prinzen Emil aus seinen früheren Jahren so groß, daß seine umstrittene Rolle in der Landespolitik seinen Nymbus nicht erschüttern konnte.

Die Napoleonische Ära, die nun 1815 endgültig zu Ende gegangen war, nötigte die Siegermächte zu einer Neuregelung der politischen Verhältnisse, das geschah auf dem Wiener Kongreß. Durch Kongreßbescheid mußten Westfalen und Wittgenstein an Preußen abgegeben werden, Hessen-Homburg erhielt seine Selbständigkeit zurück, einige Orte waren an Kurhessen und Bayern

Großherzoglich Hessisches
Regierungsblatt.

N.̊ 60.

Darmstadt den 22. December 1820.

Verfassungs-Urkunde des Großherzogthums Hessen.

LUDEWIG von Gottes Gnaden Großherzog von Hessen und bei Rhein ꝛc. ꝛc.

Nachdem Wir die, in Gemäßheit des Artifels 21. Unsers Edicts vom 18ten März d. J. über die landständische Verfassung geäußerten Wünsche Unserer getreuen Stände über die constitutionellen Bestimmungen vernommen und in Beziehung auf dieselben Unsere Entschließungen gefaßt haben; so finden Wir Uns nunmehr bewogen, diese Entschließungen und die durch dieselben nicht abgeänderten verfassungsmäßigen Bestimmungen Unsers Edicts vom 18. März d. J. über die landständische Verfassung, so wie auch aus dem Wahlgesetze, der Geschäftsordnung, dem Edicte über das Staatsbürgerrecht und dem Edicte über den Staatsdienst in eine Urkunde zusammenzufassen und Wir verordnen daher Folgendes, als

Die Verfassung des Großherzogthums.

Titel I.

Von dem Großherzogthum und dessen Regierung im Allgemeinen.

Artifel 1.

Das Großherzogthum bildet einen Bestandtheil des deutschen Bundes.

Artifel 2.

Die Beschlüsse der Bundesversammlung, welche die verfassungsmäßigen Verhältnisse Deutschlands, oder die Verhältnisse deutscher Staatsbürger im Allgemeinen betreffen, bilden einen Theil des Hessischen Staatsrechts und haben, wenn sie von dem Großherzoge verfündet worden sind, in dem Großherzogthume verbindende Kraft.

Sꝛꝛ

zurückzugeben. Dafür gab es neue Besitztümer: Mainz, Worms, Pfeddersheim, Bingen, Oppenheim, den Kreis Alzey und das Isenburger Gebiet. Insgesamt kamen 190 Orte neu hinzu, davon 32 aus Kurmainz und 92 aus Kurpfalz. Das Großherzogtum wurde Mitglied im Deutschen Bund, ihm kam die neunte Stimme im Bund zu, hatte eine Stimme im Bundesrat und drei in der Plenarversammlung. Daß das Großherzogtum Kurhessen gleichgestellt wurde, war ohne Bedeutung, denn die Bundespolitik wurde fortan von Österreich und Preußen maßgeblich bestimmt. Mainz wurde als Bundesfestung mit österreichischen und preußischen Truppen besetzt. Im Lande Hessen, das die Wehrpflicht einzuführen hatte, wurden Darmstadt, Worms, Friedberg und Offenbach als Garnisonen bestimmt. Der Großherzog nahm am 7. Juni 1816 den Titel „Großherzog von Hessen und bei Rhein" an.

Es begann die schwierige Aufgabe, aus drei verschieden gearteten Gebieten, den althessischen, den erworbenen Gebieten der Standesherren, den Souveränitätslanden und Rheinhessen, ein einheitliches Land zu schaffen. In jedem Gebiet herrschte ein anderes Recht. Der „Code de civile de Napoleon" war das fortschrittlichste Gesetzbuch. So war Rheinhessen gegenüber eine Erklärung des Großherzogs notwendig, wie die vom 8. Juli 1816: „daß die Reste des Feudalsystems, die Zehnten und Frohnden für immer unterdrückt sein, das wahrhaft Gute, was Aufklärung und Zeitverhältnisse herbeigeführt, ferner bestehen, und nur die Wunden einer verhängnisvollen Zeit und die Unvollkommenheiten, welche sie mit sich gebracht, zur Freude Seines Herzens geheilt werden sollen".

Die neuen politischen Verhältnisse und die dadurch wach gewordenen Untertanen verlangten nach mehr Verantwortung und forderten eine Verfassung. Der Großherzog hatte sich nur sehr widerstrebend bereit gefunden, einer Konstitution zuzustimmen. Zu sehr war er in einer anderen Denkart und Praxis groß und auch alt geworden, als daß er sich freiwillig von seiner Einstellung hätte lösen wollen, die er einmal formuliert hat: „Was Recht und Staat? Bin ich nicht souveräner Herr? In mir ist alles Recht und der ganze Staat." Da aber eine Verfassung zugesagt war, mußten Taten folgen, „... daß er sein fürstliches Wort (ein)lösen werde und durch eine Verfassungsurkunde das Band der Liebe und des Vertrauens zwischen ihm und seinen Untertanen fester zu knüpfen gedenke" (17. September 1819). So besteht also des Großherzogs Verdienst hinsichtlich der Verfassung darin, daß er den Bemühungen seines Ministers von Grolmann und des Staatsrats Eigenbrodt schließlich das Placet gab.

Bis es dazu kam, gab es ein hartes Ringen zwischen den monarchischen Kreisen (z. B. Prinz Emil u. a.), die eine Einschränkung der fürstlichen Souveränität verhindern, und ständischen Gruppen, die ihre Mitverantwortung an der

Regierungsbefugnis erweitern wollten. Es erschien Vertretern der Regierung *„eine unbegreifliche Besonnenheit, das furchtbare Beispiel zu geben, daß die Volksvertretung mit der Regierung über die Verfassung unterhandelt";* trotzdem findet man einen Kompromiß: *„Man beschloß, daß die Verfassungsurkunde zwar genau nach den angenommenen Vorschlägen der Stände abgefaßt, dann aber ohne nochmalige Befragung des Landtags vom Throne herab als ein freies Geschenk fürstlicher Gnade dem Lande verliehen werden solle. So erschien das Grundgesetz, obwohl es in Wahrheit mit dem Landtag vereinbart war, der Form nach als eine gegebene Verfassung, und das den strengen Monarchisten so unheimliche Schreckbild eines politischen Grundvertrags war glücklich vermieden"* (H. Treitschke).

Die Schwierigkeiten, zu einer Verfassung zu kommen, waren teilweise auch anderer Herkunft. Um die Staatsschulden abzutragen, mußten die Steuern erhöht werden. Sie einzutreiben, wurden auch Soldaten eingesetzt, denen widersetzten sich in den neuerworbenen Gebieten Bauern teilweise sehr handgreiflich. Das Hungerjahr 1817 und Teuerungen kamen hinzu.

Im Jahr 1815 hatten sich mehrere freisinnige Politiker in Darmstadt zu einer „Deutschen Gesellschaft" zusammengeschlossen, für die später der harmlos klingende Name „Singverein" aufkam. Zu diesen auch „Darmstädter Schwarze" Genannten gehörten auch die Advokaten Bopp, Reh, Ruhl, Enslin, Stahl, Karl Hofmann und Karl Heinrich Hofmann und die Leutnants Schulz und Otto. Häufige Zusammenkünfte bei Turnfesten und vaterländischen Feiern bezweckten den Zusammenhalt mit Gesinnungsgenossen innerhalb und außerhalb des Landes. In Gießen war in der burschenschaftlichen Bewegung, den „Gießener Schwarzen", ein Mittelpunkt solch freiheitlicher Bestrebungen. Die schwierigen wirtschaftlichen Verhältnisse der oberhessischen Bauern machten viele von ihnen zu Sympathisanten. Unverständlich harte Verfolgungsmaßnahmen gegen diese Gruppen von seiten der Regierung waren die Folge, Verdächtigungen und Bespitzelungen an der Tagesordnung. Den damals aufblühenden Turn- und Männergesangvereinen anzugehören und ihre Zusammenkünfte zu besuchen (das Feldbergfest erstmals 1844, dann verboten bis 1859), war verdächtig, ja, man geriet in den Geruch der Staatsfeindlichkeit. Die unerfüllten Versprechungen von 1815 und der Rückfall in sehr autoritäre Regierungsformen hemmten die freiheitlich politischen Entwicklungen und machten einen notwendigen politischen Reifungsprozeß auf Jahre hinaus unmöglich. Einem Volk eine Verfassung geben, es aber dann von dem Mitspracherecht ausschalten, war Grund zu sehr berechtigter Kritik. Solcher Art war das Klima, in dem sich der Protest zu Worte meldete: 1834 durch Georg Büchner in seiner Kampfschrift „Der Hessische Landbote" mit der Parole „Friede den Hütten! Krieg den

Pallästen!" oder 1840 in der Satire „Datterich", in der Ernst Elias Niebergall das stupide Spießbürgertum geißelte – aber wir sind der hier erörterten Zeit Ludewig I. schon vorausgeeilt.

Daß Neuregelungen, neue Gesetze auf vielen Gebieten notwendig waren, wurde schon erwähnt. Das hatte sich auch auf die kirchlichen Verhältnisse zu erstrecken. Durch die Erwerbung des rheinhessischen Gebietes war die konfessionelle Landkarte Hessens erheblich verändert. Den vielen neuen katholischen Untertanen mußte Rechnung getragen werden. Im Gefolge der Aufklärung hatte sich die Ansicht durchgesetzt, daß „jeder nach seiner Facon selig werden solle". Die Zeit war nun reif, daß man die andere Konfession nicht nur duldete, sondern mit ihren Angehörigen friedlich zusammenlebte.

Ludewig I. hatte sogleich nach seinem Regierungsantritt am 1. Dezember 1790 den katholischen Untertanen in der Residenz Darmstadt – freilich mit einigen Einschränkungen – den Freiheitsbrief zur Ausübung römisch-katholischen Gottesdienstes erteilt. Er hatte auch noch 250 Gulden jährlich dafür gezeichnet; eine noble Geste. Jetzt galt es, solche Freiheiten allenthalben zu gewähren. Auch mit dem neuen „Untertanen", dem Bischof von Mainz, waren vertragliche Regelungen zu treffen; das geschah in Bullen vom Jahre 1821 und 1828. Bis sich ein gutes Miteinander eingespielt hatte, dauerte noch einige Zeit. Der Großherzog setzte selber ein nicht zu übersehendes Zeichen seines Wohlwollens im Bau der ersten katholischen Kirche in Darmstadt, der St.-Ludwigs-Kirche (geweiht 1827). Am Portal der Kirche, dem berühmten Moller-Bau, sind die Verdienste des Großherzogs festgehalten, der Name des Kirchenpatrons war auch ein Dank an den „Erbauer dieses Heiligtums, dem um das Wohl seines Volkes wahrhaft besorgten Fürsten". Neben erheblichen Finanzmitteln hat der Großherzog auch den Bauplatz am sogen. Riedeselsberg kostenlos überlassen. Daß drei Jahre nach seinem Tode sein Enkel Ludwig III. eine bayerische Königstochter katholischen Glaubens ehelichen würde, der er mit der Kirche auch die Begräbnisstätte gebaut hatte, konnte Ludewig I. nicht ahnen.

Der erste Großherzog lebt in der Erinnerung der Nachwelt als der große Förderer der Kunst. Er hatte drei Leidenschaften: das Theater, das Museum und den Marstall. Ein nicht sehr wohlwollender Kritiker namens Arndt schrieb in den „Beziehungen vor dem Wiener Kongreß" 1814: „*Der Marstall ist überfüllt mit Reit- und Zugpferden, ja die Pferde sind in D.(armstadt) so bedeutende Personen, daß häufig die erste Frage der Einwohner an die Fremden ist: Haben Sie schon die acht schneeweißen Schimmel der G.H.-in* (Großherzogin) *gesehen? ... Jede Messe werden in Leipzig große Ankäufe von Pferden gemacht.*"

Hinsichtlich des Museums ist vor allem der Erwerb der Sammlungen des Baron von Hüpsch aus Köln zu nennen, durch den ganz bedeutende Kunstwerke – u. a.

die „Darbringung im Tempel" von Lochner – nach Darmstadt kamen. Außergewöhnlich für die damalige Zeit war Ludewigs Verfügung vom 12. Juli 1821, daß die *„zur Beförderung wahrer Aufklärung und Verbreitung nützlicher Kenntnisse"* gegründete Kunst- und Naturaliensammlung, ebenso auch die Hofbibliothek, *„als Staatseigentum betrachtet und behandelt werden sollen, wie es denn auch Unser ernstlicher Wille ist, daß dieselben in Zukunft, wie bisher, zur Unterhaltung und Belehrung des Publikums offen stehen sollen"*.

Der Fürst sorgte auch sonst dafür, daß bei der Auflösung der ihm zugefallenen Klöster und Kirchen die Kunstwerke gesichert oder seinem Museum zugeführt wurden. Auf diese Weise kamen z. B. die Glasfenster der Ritterstiftskirche zu Wimpfen ins Darmstädter Museum. Wenn andere Kunstschätze, Flügelaltäre wie der Friedberger und Ortenberger, in späteren Jahren ins Landesmuseum wanderten, dann lag das daran, daß sie meist nicht mehr aufgestellt waren. Die Übernahme ins Museum bedeutete deren Rettung.

Die Hauptpassion Ludewig I. war freilich das Theater. Hierin lagen seine Neigungen ganz auf der Linie seines Urgroßvaters, des Landgrafen Ernst Ludwig, der schon 1710 in der umgebauten Reithalle, dem späteren „Kleinen Haus", ein beachtliches Theaterleben ermöglicht hatte.

Während Darbietungen dort anfangs von Familienmitgliedern des fürstlichen Hofes oder wandernden Spielergruppen gegeben wurden, übernahm nun am 23.

Das neue Hoftheater und das Landeskriegerdenkmal. Kolorierter Holzstich

Mai 1810 der Hof das Theater. Es bestand in den letzten Jahren der Regierung Ludewig I. aus 200–300 Personen, 85 Orchestermusiker eingeschlossen, und kostete jährlich 300 000 Gulden. Der Großherzog sorgte für Gastspiele berühmter Künstler (z. B. Paganini) und engagierte die Sänger selber. In dem Abbé Georg Joseph Vogler (1749–1814) holte er sich 1807 einen Kapellmeister, der für die nächsten sieben Jahre eine glänzende Epoche heraufführte. Vogler, am 15. Juni 1749 in Würzburg geboren, war 1775 Hofkaplan und 2. Kapellmeister in Mannheim geworden. Sein 1778 entstandenes Melodram „Lampedo" hatte Ludewig als Erbprinz am 4. Juli, am 26. August 1779 und am 5. Januar 1780 mit seiner Frau Louise in der Titelrolle in Darmstadt aufführen lassen. Zu diesen Vorstellungen wie auch zu den vorangegangenen Proben weilte Vogler mehrere Wochen am Darmstädter Hofe. Das war der Beginn der Freundschaft. Als Ludewig Landgraf geworden war (1790), kam Vogler sogleich zur Gratulation angereist; seine Berufung erfolgte siebzehn Jahre später. Der Lehrer von Carl Maria von Weber und Giacomo Meyerbeer musizierte im Schloß, im Theater und auch in der Stadtkirche. Der Großherzog kam, wenn irgend möglich, auch zu den Proben und dirigierte dann selbst. Bei einer Probe zu Voglers großer Pastoralmesse in der Stadtkirche mußte der von der Kanzel aus dirigierende Landgraf den orgelspielenden Kapellmeister zügeln: „Der Dunner und der Deibel, mach er's nicht zu arg, Vogler, es kann mir ja kein Mensch mehr singen und ich nicht mehr taktieren!" Das geschah auf der dritten Orgel, einem zweimanualigen Werk mit 25 Registern, das der Großherzog 1805 gestiftet hat. Vogler ließ es zwei Jahre später für seine Bedürfnisse nochmals verändern. An Vogler erinnert in Darmstadt sein Denkmal auf dem Mathildenplatz und der Grabstein hinter dem Mahnmal am Kapellplatz.

Ludewig I. war Liebhaber und Kenner der Musik; er spielte gern und gut Violine. Seine Lieblingsstücke waren Glucks „Iphigenie auf Tauris", Mozarts „Don Giovanni" und „Die Entführung aus dem Serail", Webers „Freischütz" und „Euryanthe". Gute Opern ließ er öfters aufführen, doch interessierten ihn vor allem die Proben. Bei den Aufführungen sah man ihn in der Hofloge, mit der linken Hand den Takt schlagend und in der Rechten das Opernglas.

Durch seinen 1810 berufenen Oberbaudirektor Georg Moller (1784–1852) läßt er sich sein neues großes Hoftheater erbauen und schuf damit den äußeren Rahmen und den Beginn einer Theatertradition, die Darmstadt als Stadt der Musen berühmt gemacht hat. Das „Große Haus" wurde am 7. November 1819 mit Spontinis Oper „Ferdinand Cortez" eröffnet; am 24. Oktober 1871 brannte es bei den Proben zu der Posse „Pechschulze" ab. 1878/79 wurde es wieder aufgebaut, erfuhr 1904/05 einen Umbau und ist dann 1944 fast völlig ausgebrannt. Für das Staatstheater wurde

1972 an der Stelle des ehemaligen Neuen Palais ein neues Haus errichtet, doch bleiben die großen Zeiten im alten „Großen Haus" unvergessen, und die Maßstäbe, die dort gesetzt wurden, sind noch heute Verpflichtung für alle Theaterarbeit in dieser Stadt.

Die in ihren Fassaden gesicherte Ruine des ehemaligen Hof- und späteren Landestheaters mit ihrem klassizistischen Portikus mußte trotz vieler Pläne fast vierzig Jahre auf eine neue Verwendung warten. Nun wird hier ein neues Staatsarchiv eingebaut; das Richtfest wurde im Dezember 1988 gefeiert, und die Fertigstellung wird für 1994 erhofft. So wird der Mollerbau gerettet und dem Staatsarchiv ein ideales Domizil geschaffen.

Mit Moller hatte Ludewig einen fähigen Architekten nach Darmstadt gebracht. Wie kein anderer Oberbaudirektor, außer denen nach 1945, hatte er die Möglichkeit, großzügig städteplanerisch zu gestalten. In der Erweiterung der Stadt westwärts über den Luisenplatz hinaus – die „neue Vorstadt" – bis zur heutigen Kunsthalle am Steubenplatz und vom Luisenplatz aus südlich bis zur Ludwigskirche hat Moller städtebauliche Akzente gesetzt, die auch durch die Totalzerstörung der Innenstadt vom 11./12. September 1944 nicht aufgehoben werden konnten. Moller hat selbst das Hoftheater gebaut (1819), die St.-Ludwigs-Kirche (1827), die Loge in der Sandstraße (1818), heute Georg-Moller-Haus, das Haus der „Vereinigten Gesellschaft" (Südwestecke Rhein- und Neckarstraße), das „Ständehaus" am Luisenplatz (Landtagsgebäude) – die beiden letzten Gebäude sind nicht wieder erstanden. Das alte Mausoleum auf der Rosenhöhe (1826) und viele Wohnhäuser stammen auch von ihm, so daß die

Bezeichnung Darmstadts als „Mollerstadt" berechtigt ist. Mollers Dienst war in weitestem Umkreis begehrt, so baute er das Schloß zu Wiesbaden für die Herzöge von Nassau (heute Landtagsgebäude), baute für die Landgrafen von Hessen-Homburg und den Fürsten Metternich auf Schloß Johannisberg, schuf die Ostkuppel am Mainzer Dom und konzipierte das Kurhaus in Bad Salzhausen. Er hat auch Kirchen gebaut, so in Schwanheim, oder bei Kirchbauten mitgewirkt (Stadtkirche Gießen). Daß die damals baufällige Darmstädter Stadtkirche nicht abgerissen, sondern erweitert wurde, ist auch Mollers Verdienst.

Leben und Werk Mollers – dessen Grabmal an der westlichen Innenmauer des Alten Friedhofs ins Auge sticht – ist durch die Biographie von Marie Frölich, der feinsinnigen Kunsthistorikerin aus alter Darmstädter Familie, und Hans-Günther Sperlich angemessen und sehr ausführlich gewürdigt.

Blickt man nochmals auf die sehr bewegte und politisch schwierige vierzigjährige Regierungszeit Ludewig I. zurück, dann kann man ihn ohne Übertreibung den Retter und Neugründer Hessen-Darmstadts nennen. Aus der Landgrafschaft Hessen-Darmstadt mit 100 Quadratmeilen, 300 000 Einwohnern und 700 000 Gulden Einkünften vor 1803 wurde ein Großherzogtum Hessen und bei Rhein mit 153 Quadratmeilen, 627 000 Einwohnern und drei Millionen Gulden Einkünften im Jahre 1816. Nach einer Aufstellung des Jahres 1822 werden für Starkenburg 235 274 Einwohner, für Oberhessen 257 914 und für Rheinhessen 178 591 Bewohner angegeben. Es heißt in dieser Quelle („Lebens- und Regentengeschichte Ludewig I.") weiter: *„Die Einwohner sind, wenige Waldenser und Franzosen sowie 20 600 Juden ausgenommen, ihrer Abstammung nach Deutsche. Nach ihrer Religion sind sie: 397 569 Lutheraner, 84 208 Reformierte, 167 582 Katholiken, 1277 Menoniten, 20 600 Juden.*

Wohnplätze sind: 66 Städte, 2225 Flecken, Dörfer, Höfe, Mühlen usw. und 98 994 Häuser. Unter den Städten zählt Mainz 26 350, Darmstadt 20 282 Einwohner.

Die Staatseinkünfte betrugen: 1824: 6 074 396 Gulden Brutto; die Staatsausgaben machten in demselben Jahre: 5 816 982 Gulden; die Staatsschuld belief sich 1823 auf: 13 433 625 Gulden.

Die Landmacht beträgt 8863 Mann, nämlich: 7303 Mann Infanterie, 925 Cavallerie, 635 Artillerie. (Doch ist nur ein kleiner Teil dieser Truppen im Dienste.) Außerdem bestehen noch eine Gendarmerie von 60 Mann zu Pferd und 110 Mann zu Fuß."

Großherzog Ludewig I. gewährte dem Lande eine Verfassung. Durch sein Hoftheater, das Museum und die Hofbibliothek machte er Darmstadt zu einer Stadt, „in der die Künste leben". Er nutzte die Gunst der Verhältnisse unter

Napoleon, schlug sich dann auf die Seite des Dreierbundes Preußen-Österreich-Rußland, der die Napoleonische Ära ablöste. Das kleine Land Hessen-Darmstadt war für das Weltgeschehen von sehr untergeordneter Bedeutung. Die weitgestreuten dynastischen Beziehungen durch Heiraten waren weit einflußreicher, als das politische Gewicht des Landes. Das hat das Wertbewußtsein des Souveräns und der Untertanen in ihrem Hessenstolz keinesfalls gemindert.

In dem damals partikularistisch ausgeuferten deutschen Reich, das am 6. August 1806 zu Ende ging, als Franz II. die Kaiserkrone niederlegte, war das Partikularbewußtsein einem Gesamtbewußtsein keineswegs abträglich. Daß im Zusammenschluß zu einem großen deutschen Reich mit starker Zentralgewalt das Heil liege, war damals noch nicht die gängige Ansicht. Der Sieg über Napoleon, der Wiener Kongreß, das erste Wartburgfest 1817 und die Sehnsüchte manchen Dichters haben nicht zu der erwünschten Volksherrschaft geführt. In einer Politik mit „Blut und Eisen" unter Ausschaltung des jeweiligen Rivalen wurde dann ein sehr verkleinertes Deutsches Reich geschaffen. Nach einigen Jahrzehnten des Aufblühens breitete sich doch der Keim mancher Fehlentwicklungen aus, der sehr bald zur Zerstörung dieses so stolz angetretenen Reiches führte.

Die letzten 150 Jahre deutscher Geschichte sind nicht allzu reich an Beweisen dafür, daß der Kompromiß mehr für sich hat, als eine Radikallösung auf Biegen oder Brechen. Bei der Rückschau auf die Jahre 1790 bis 1830 in Hessen unter Ludewig I. schneidet seine Politik der fortgesetzten Kompromisse zur Erhaltung seines Landes heute sicher wesentlich besser in der Beurteilung ab, als es vor 1945 der Fall gewesen wäre.

Die Hochachtung, deren sich Ludewig I. und seine Gattin Louise erfreuten, kam besonders stark am 19. Februar 1827 zum Ausdruck, als sie Goldene Hochzeit feierten. Als Gratulanten erschienen u. a. König Friedrich Wilhelm III. von Preußen (seine Mutter Friederike war eine Schwester des Großherzogs) und König Ludwig I. von Bayern (seine Mutter Auguste Wilhelmine war die Schwester der Großherzogin). Die Stadt Darmstadt ließ zu diesem Anlaß eine goldene Münze schlagen. Am 3. November 1829 starb die Großherzogin Louise, zuletzt fast ganz erblindet. Der Gatte bekannte, *„er habe an ihr eine teure Freundin, das Land eine wohlwollende Mutter, der Arme eine mildtätige Beschützerin verloren".* Hofprediger Ernst Zimmermann sagte in der Leichenpredigt: *„Ihren schönsten Gottesdienst suchte sie darin, Wohltätigkeit zu üben."* Alljährlich am 18. Oktober hatte sie den Kindern des Waisenhauses (seit 1750 gab es ein solches, jetzt steht an dessen Stelle das Ludwig-Georgs-Gymnasium) ein Fest im Prinz-Georgs-Garten gegeben, an dem der Hof und die Stadt immer großen Anteil nahmen.

Napoleon, der Großherzogin Louise in Mainz kennen gelernt hatte, erklärte sie für eine der geistreichsten Frauen ihrer Zeit. Mit Marie Antoinette, der Gemahlin Ludwig XVI. von Frankreich, die 1793 auf dem Schafott endete, war die Großherzogin Louise befreundet. Die Briefe, die beide zwischen 1780 und 1792 gewechselt haben, sind in „Darmstadt und sein Hof zur Zopfzeit" in Auszügen veröffentlicht.

Von den sechs Kindern Ludewig I., davon eine Tochter, starb der jüngste Sohn Gustav Friedrich (* 1791) bereits 1806. Der älteste Sohn folgte als Ludwig II; die Tochter Louise (1779–1811) wurde 1800 mit Prinz Ludwig von Anhalt-Köthen vermählt. Der Sohn Georg (1780–1856) stand in österreichischen Diensten; der Sohn Friedrich (1788–1867) war in österreichischen, französischen, niederländischen und portugiesischen Diensten, trat in Rom zum katholischen Glauben über, war in späteren Jahren ein Wohltäter unserer Ludwigskirche, wo er auch beigesetzt ist. Schließlich Prinz Emil (* 3. 9. 1790, † Baden Baden 30. 4. 1856), der bekannte Heerführer, von dem schon ausführlich die Rede war.

Großherzog Ludewig I. mit seiner Gemahlin Louise beim Betrachten des Stadtplans von Offenbach. Gemälde von Gotthelf Leberecht Glaeser im Schloßmuseum Darmstadt

Ludwig II.

*Darmstadt 26. 12. 1777 ♔ 6. 4. 1830
† Darmstadt 16. 6. 1848

Ludwig II. war bereits 53 Jahre, als er das väterliche Erbe anzutreten hatte. Es geschah zu einer Zeit, da es mit den politischen Verhältnissen nicht zum Besten stand. Zwar hatte das Land am 17. Dezember 1820 seine Verfassung erhalten, aber die Bestimmungen waren nicht angetan, der Volksvertretung erhebliche Verantwortung zu übertragen. Als Hofprediger Zimmermann einmal dem alten Großherzog Ludewig I. die neue Verfassung als die beste gepriesen haben sollte, soll er gesagt haben: *„Ich will Ihnen aber auch sagen, welche Verfassung ich für die beste halte: die Nordamerikanische.“*
Solange der verdienstvolle alte Großherzog im Amte war, wagte kaum jemand, öffentlich Kritik an ihm zu üben. Aber *„die Pfeile, die unter Ludewig I. geschmiedet worden waren“*, sagte Minister du Thil in seinen Denkwürdigkeiten, *„wurden erst jetzt gegen Ludwig II. abgeschossen“*. So regten sich die oppositionellen Strömungen sogleich nach dem Regierungswechsel. Hinzu kam, daß Ludwig II. nicht so volkstümlich war wie sein Vater. Er meinte es nicht weniger gut mit seinem Volk und dessen Vertretern, wirkte jedoch verschlossen, unzugänglich, und seine Gutmütigkeit ließ ihn, im Unterschied zu seinem Vater, schlaff erscheinen. Die sofort geführte Debatte über die Zivilliste des neuen Großherzogs war dadurch besonders belastet, daß er sogleich die Übernahme seiner sehr umfangreichen Erbprinzschulden auf die Staatskasse fordern mußte. Mit der wachsenden Unzufriedenheit großer Bevölkerungskreise ging die Furcht der Regierenden einher, ihnen könnten die Zügel entgleiten. So wurde es üblich, daß der Regent mit einem ihm ergebenen Ministerium gewissermaßen gegen das Volk regierte. Lange Jahre bestimmte das Ministerium des Freiherrn Carl du Thil (1777–1859, dirigierender Minister von 1829–1848) die Politik. Das Urteil, Hessen sei damals *„das reaktionärste und verelendeste Gebiet in Deutschland gewesen“*, ist wohl etwas übertrieben.
Die dreißiger Jahre sind es, in denen sich Georg Büchner mit seiner Kritik zu Wort gemeldet hat und dann in die Schweiz fliehen mußte. Es waren die Jahre, da die Gießener Burschenschaft, die „Gießener Schwarzen“, verfolgt und einige Studenten relegiert wurden. In diesen Jahren handelte sich der Butzbacher Schulrektor und Pfarrer Friedrich Ludwig Weidig (1791–1837) mit seiner Schrift „Leuchter und Beleuchter für Hessen oder der Hessen Notwehr“ einen

94

Der Hessische Landbote.

Erste Botschaft.

Darmstadt, im Juli 1834.

Vorbericht.

Dieses Blatt soll dem hessischen Lande die Wahrheit melden, aber wer die Wahrheit sagt, wird gehenkt, ja sogar der, welcher die Wahrheit liest, wird durch meineidige Richter vielleicht gestraft. Darum haben die, welchen dies Blatt zukommt, folgendes zu beobachten:

1) Sie müssen das Blatt sorgfältig außerhalb ihres Hauses vorder Polizei verwahren;
2) sie dürfen es nur an treue Freunde mittheilen;
3) denen, welchen sie nicht trauen, wie sich selbst, dürfen sie es nur heimlich hinlegen;
4) würde das Blatt dennoch bei Einem gefunden, der es gelesen hat, so muß er gestehen, daß er es eben dem Kreisrath habe bringen wollen;
5) wer das Blatt nicht gelesen hat, wenn man es bei ihm fin= det, der ist natürlich ohne Schuld.

Friede den Hütten! Krieg den Pallästen!

Im Jahr 1834 siehet es aus, als würde die Bibel Lügen gestraft. Es sieht aus, als hätte Gott die Bauern und Handwerker am 5ten Tage, und die Fürsten und Vornehmen am 6ten gemacht, und als hätte der Herr zu diesen gesagt: Herrschet über alles Gethier, das auf Erden kriecht, und hätte die Bauern und Bürger zum Gewürm gezählt. Das Leben der Vornehmen ist ein langer Sonntag, sie wohnen in schönen Häusern, sie tragen zierliche Kleider, sie haben feiste Gesichter und reden eine eigne Sprache; das Volk aber liegt vor ihnen wie Dünger auf dem Acker. Der Bauer geht hinter dem Pflug, der Vornehme aber geht hinter ihm und dem Pflug und treibt ihm mit den Ochsen am Pflug, er nimmt das Korn und läßt ihm die Stoppeln. Das Leben des Bauern ist ein langer Werktag; Fremde verzehren seine Aecker vor seinen Augen, sein Leib ist eine Schwiele, sein Schweiß ist das Salz auf dem Tische des Vornehmen.

Im Großherzogthum Hessen sind 718,373 Einwohner, die geben an den Staat jährlich an 6,363,364 Gulden, als

1) Direkte Steuern	2,128,131	fl.
2) Indirecte Steuern	2,478,264	„
3) Domänen	1,547,394	„
4) Regalien	46,938	„
5) Geldstrafen	98,511	„
6) Verschiedene Quellen	64,198	„
	6,363,363	fl.

Dies Geld ist der Blutzehnte, der von dem Leib des Volkes genommen wird. An 700,000 Menschen schwitzen, stöhnen und hungern dafür. Im Namen des Staates wird es erpreßt, die Presser berufen sich auf die Regierung und die Regierung sagt, das sey nöthig die Ordnung im Staat zu erhalten. Was ist denn nun das für gewaltiges Ding: der Staat? Wohnt eine Anzahl Menschen in einem Land und es sind Verordnungen oder Gesetze vorhanden, nach denen jeder sich richten muß, so sagt man, sie bilden einen Staat. Der Staat also sind Alle; die Ordner im Staate sind die Gesetze, durch welche das Wohl Aller gesichert wird, und die aus dem Wohl Aller hervorgehen sollen. — Seht nun, was man in dem Großherzogthum aus dem Staat gemacht hat; seht was es heißt: die Ordnung im Staate erhalten!

Georg Büchner und seine Schrift „Der Hessische Landbote"

2493.   Steckbrief.

Der hierunter signalisirte Georg Büchner, Student der Medizin aus Darmstadt, hat sich der gerichtlichen Untersuchung seiner indicirten Theilnahme an staatsverrätherischen Handlungen durch die Entfernung aus dem Vaterlande entzogen. Man ersucht deßhalb die öffentlichen Behörden des In- und Auslandes, denselben im Betretungsfalle festnehmen und wohlverwahrt an die unterzeichnete Stelle abliefern zu lassen.

Darmstadt, den 13. Juni 1835.

Der von Großh. Hess. Hofgericht der Provinz Oberhessen bestellte Untersuchungs-Richter, Hofgerichtsrath

Georgi.

Personal-Beschreibung.

Alter: 21 Jahre,
Größe: 6 Schuh, 9 Zoll neuen Heisischen Maases,
Haare: blond,
Stirne: sehr gewölbt,
Augenbrauen: blond,
Augen: grau,
Nase: stark,
Mund: klein,
Bart: blond,
Kinn: rund,
Angesicht: oval,
Gesichtsfarbe: frisch,
Statur: kräftig, schlank,
Besondere Kennzeichen: Kurzsichtigkeit.

Hochverratsprozeß ein wegen revolutionärer Umtriebe. Sein Selbstmord im Darmstädter Gefängnis nach zweijähriger Untersuchungshaft erregte großes Aufsehen.

In einer anonym im Jahre 1843 in Zürich erschienenen Schrift wurde der Untersuchungsrichter Georgi des Mordes an Pfarrer Weidig bezichtigt und die politischen Verhältnisse in Deutschland gegeißelt.

Es dauerte geraume Zeit, bis die liberal gesonnenen Politiker Heinrich von Gagern, Karl Heinrich Jaup und Ernst Emil Hofmann im Landtag die Mehrheit gewannen. Von Gagern konnte seiner Berufung zum leitenden Staatsminister 1848 nur kurz Folge leisten; er wurde im gleichen Jahr noch Präsident der Verfassungsgebenden Nationalversammlung in der Frankfurter Paulskirche.

Den Schwierigkeiten, die mit der Revolution des Jahres 1848 heraufzogen, sah sich Ludwig II. nicht mehr gewachsen. Unter dem Druck des Landtags nahm er am 5. März 1848 seinen Sohn Ludwig zum Mitregenten auf, wenige Wochen vor seinem Tod. Ein zu diesem Anlaß geprägter Hessischer Gulden zeigt das Bild des Erbgroßherzogs Ludwig, Mitregenten, und die Inschrift: „Pressefreiheit, Volksbewaffnung, Schwurgericht, Religionsfreiheit, Deutsches Parlament 6. März 1848." Der Mitregent konnte nun alle Forderungen gewähren, um die jahrelang heiß gekämpft worden war.

Die Verhältnisse in den vierziger Jahren in der Landwirtschaft waren durch viele Mißernten derart schlecht, daß neben den genannten politischen auch aus wirtschaftlichen Gründen massenweise Hessen auswanderten, um in Amerika bessere Existenzmöglichkeiten zu suchen. Für die Jahre 1841 bis 1847 werden 16500 hessische Auswanderer genannt. Daß so viele Amerikaner Hessen als Vorfahren haben, deren Heimatgebiet sie heute zunehmend aufsuchen, hat einen Hauptgrund in den politischen und wirtschaftlichen Verhältnissen in der ersten Hälfte des vorigen Jahrhunderts.

In Gießen lehrte von 1825 bis 1852 Justus von Liebig, Darmstadts berühmter „Sohn der Großen Kaplaneigasse". Bis sich seine bahnbrechenden Erfindungen für die künstliche Düngung bis zum letzten notleidenden Bauern im hohen Vogelsberg ausgewirkt hatten, dauerte noch geraume Zeit.

Dem wachsenden Verlangen nach mehr Bildung und Ausbildung trug der Staat Rechnung durch Verbesserung des Schul- und Universitätswesens. Die 1826 gegründete Real- und technische Schule in Darmstadt wurde aufgebessert zu einer „Höheren Gewerbeschule", zuletzt wurde 1877 daraus die Technische Hochschule. „Schullehrer-Seminare" waren bereits 1817 in Friedberg und Bensheim errichtet worden. Damit begann die Ausbildung eines eigenständigen Lehrerstandes außerhalb kirchlicher Zuständigkeit. In beiden Städten wurden auch Taubstummenanstalten gegründet, in Friedberg auch für die evangelischen

Der Louisenplatz und das Ludewig-Monument in Darmstadt 1844. Stahlstisch nach einer Zeichnung von J. M. Bayrer

Pfarramtskandidaten ein Predigerseminar. Für die Landesuniversität, nach ihrem Gründer Ludwig V. „Ludoviciana" genannt (heute Justus-Liebig-Universität), werden neue personelle und materielle Verbesserungen getroffen. Eine neu errichtete Fakultät für katholische Theologie war mangels Gegenliebe des Mainzer Bischofs nur von kurzer Dauer. Mancherlei Regelungen des Regenten für die Evangelische Kirche zielten auf größere Selbständigkeit der kirchlichen Körperschaften. Ein eigenverantwortliches Oberkonsistorium als oberste kirchliche Verwaltungsbehörde wurde 1832 errichtet. Wie meist verliefen auch hier kirchliche Entwicklungen strukturell parallel zu den politischen.

Ein Ereignis, das den Anschluß an die große Welt brachte, war die Eröffnung der Main-Neckar-Bahn im Jahre 1846. Durch vertragliche Regelungen mit Frankfurt und Baden waren die Voraussetzungen geschaffen worden für die Bahnlinie von Frankfurt nach Heidelberg. Am heutigen Steubenplatz wurde der Bahnhof gebaut für die „Startion Dammstatt". In dieser Frage wie auch hinsichtlich des Zollvereins – der 1828 mit Preußen abgeschlossene Zollvertrag machte den Anfang für weitere Zollunionen – zeigte Hessen-Darmstadt einen erstaunlichen Weitblick und Fortschrittlichkeit. 1855 folgte die Bahnlinie

Die Katholische Kirche und ein Teil von Darmstadt von der Ludwigsäule aus gesehen. Zeichnung und Stahlstich von L. Rohbock nach 1844

Mainz–Worms, 1858/59 die Strecke Bingen–Mainz–Aschaffenburg, 1869 die Riedbahn Darmstadt–Worms, schließlich 1875 die Odenwaldlinie Darmstadt–Erbach–Eberbach.

Lieblingsaufenthalt für die Großherzogliche Familie waren die Rosenhöhe und der Heiligenberg bei Jugenheim an der Bergstraße. 1826 starb die fünfjährige Tochter Elisabeth in Lausanne an Scharlach. Sie wird im von Moller erbauten (alten) Mausoleum auf der Rosenhöhe beigesetzt. Der berühmte Berliner Bildhauer Christian Rauch schuf 1831 das Grabmal des Kindes, als liegende Gestalt in Lebensgröße aus Marmor; wie alle Werke Rauchs war auch dies von hoher künstlerischer Qualität und starker Aussagekraft.

Zum Gedächtnis an diese frühvollendete Tochter gründete die Mutter, die Großherzogin Wilhelmine, in Nieder Ramstadt das „Elisabethenstift" zur Erziehung verwaister armer Mädchen. Anläßlich der Silberhochzeit 1829 errichtete das Großherzogenpaar eine „Ludwigs- und Wilhelminen-Stiftung" zur Unterstützung von Witwen und Waisen.

Solche Einrichtungen waren eine Wohltat und auch nötig, denn die Zeiten mit Pensionen, Waisen- und Witwenrenten ließen noch einige Jahrzehnte auf sich

99

warten. Eine öffentliche Fürsorge, wie wir sie kennen, fehlte noch, deshalb oblag die Fürsorge für Minderbemittelte der Kirche oder Wohltätern. Zwar fühlten sich die Fürstenhäuser zu allen Zeiten auch für Armenpflege mitverantwortlich, aber es lag doch jeweils an den Zeitumständen und auch den Persönlichkeiten, wenn hier besondere Aktivitäten entfaltet wurden.

Vor allem im Blick auf die Großherzoginnen kann man sagen, daß sie alle sich dieser Aufgabe gewidmet haben, auch wenn es Gradunterschiede gab. Dabei wurden sie erheblich unterstützt durch die weiteren Glieder der Großherzoglichen Familie. Das Diakonissenhaus „Elisabethenstift" (1858 gegründet) und das Alice-Hospital (1883 eingeweiht) sind fürstliche Stiftungen. Für das erste zeichnete Prinzessin Elisabeth (* Berlin 18. 6. 1815, † Bessungen 21. 3. 1885), Schwiegertochter Ludwig II., verantwortlich. Sie war die Tochter des Prinzen Wilhelm von Preußen und Marianne, Prinzessin von Hessen-Homburg, und heiratete am 22. Oktober 1836 zu Berlin den Prinzen Carl von Hessen (* 23. 4. 1809, † 20. 3. 1877). Durch Großherzogin Alice, der Gemahlin Ludwig IV., kam die Anregung zur Gründung des nach ihr benannten Hospitals. Nicht nur in ihrer Verantwortung für das Elisabethenstift, sondern auch in ihrem Palais in der Wilhelminenstraße 34 (heute ist dort die Landesversicherungsanstalt) war Prinzeß Carl wegweisend für Barmherzigkeit und Frömmigkeit. Sie

Der Main-Neckar-Bahnhof. Nach einer alten Lithografie

Die „Madonna des Bürgermeisters Meyer" von Hans Holbein d. J., im Schloßmuseum Darmstadt

sammelte die erweckten Darmstädter Kreise um sich und den Hofprediger Dr. Ferdinand Bender (1816–1902). 10000 Gulden, die sie stiftete, waren der Grundstock zum Bau des Diakonissenhauses; ihre Schwägerin, Großherzogin Mathilde, steuerte auch ihr Scherflein bei. Notstände in der Krankenversorgung führten zu der Gründung des Diakonissenmutterhauses mit einem Kranken-haus, Geldgeber fanden sich aus dem Fürstenhaus. Prinzessin Elisabeth bescherte auch Darmstadt einen seiner größten Kunstschätze: die Holbein-Madonna, die Madonna des Baseler Bürgermeisters Meyer, um 1526 von Hans

101

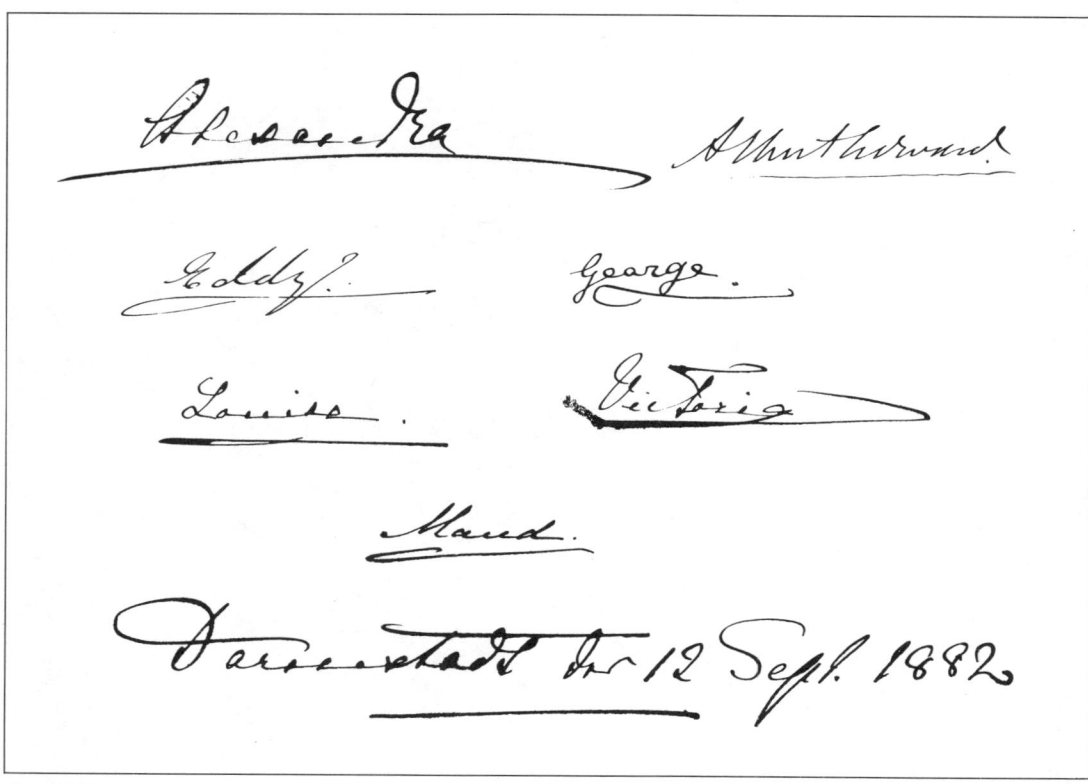

Eine Seite aus dem Gästebuch der Prinzessin Elisabeth mit den Eintragungen der Familie des englischen Königs Edward VII. vom 12. September 1882: Königin Alexandra, König (Albert) Edward VII., Eddy (Prinz Albert Victor), Prinz George (später König George V.), Prinzessin Louise (Duchesse of Fife), Prinzessin Victoria und Prinzessin Maud (spätere Gemahlin des Königs Haakon VII. von Norwegen)

Holbein d. J. (1497–1543) geschaffen. Seit 1852 befindet sich das Bild in Darmstadt und hat sich als das Original erwiesen, nachdem man lange Zeit die Dresdener Kopie für das echte Bild hielt. Kein Besucher von Darmstadt – auch die Einheimischen, die es bisher unterlassen haben – sollte es versäumen, die Holbein-Madonna im Schloßmuseum zu bewundern.

Von den Kindern Ludwig II. und der Großherzogin Wilhelmine (* Karlsruhe 10. 9. 1788, vermählt ebenda 19. 6. 1804, † Darmstadt 27. 1. 1836), einer Tochter des Erbprinzen Carl Ludwig von Baden und der Amalie, Prinzessin von Hessen-Darmstadt (Tochter Ludwig IX. und der großen Landgräfin Caroline), verdienen Prinz Alexander (* 15. 7. 1823, † 15. 12. 1888) und Prinzessin Marie (* 8. 8. 1824, † Petersburg 16./28. 4. 1880) noch erwähnt zu werden.

Auf der Suche nach einer Gattin für ihren Sohn Alexander II. (1818–1881) hatte die Gemahlin des Zaren Nikolaus I., Alexandra Feodorowna, geborene Prinzessin Charlotte von Preußen, ihre Nichte Marie von Hessen-Darmstadt für würdig befunden. Die Verlobung erfolgte 1840 mit dem Zarewitsch, der 1855 den Thron bestieg, die Hochzeit am 16./28. April 1841 in Petersburg. Um der Schwester das Eingewöhnen in der ihr fremden Welt erträglicher zu machen, wurde ihr der Bruder Alexander mitgegeben. Mit dem Rang eines kaiserlich-russischen Generalmajors brachte Alexander über zehn Jahre am Zarenhof zu, ein schneidiger Offizier und begehrter Prinz. Da er sich unstandesgemäß in die Hofdame der zukünftigen Zarin, Gräfin Julie Hauke (* Warschau 12./24. 11. 1825, † Heiligenberg 19. 9. 1895), verliebte und von ihr nicht ließ, mußte er in seine Heimat zurückkehren. In Breslau heiratete Alexander Gräfin Hauke am 28. Oktober 1851. Sie wurde durch Großherzog Ludwig III., den Schwager, erst zur Gräfin, dann Prinzessin von Battenberg erhoben. Prinz Alexander von Hessen und seine Gemahlin, Julie Prinzessin von Battenberg, sind die Stammeltern der Familie Battenberg-Mountbatten, die von erheblichem Einfluß unter den Dynastien in Europa werden sollte.

Dieser Familie entstammen zwei Admirale des Britischen Imperiums: Lord Ludwig Battenberg (1854–1921), der 1917 den Namen in „Mountbatten" änderte als Marquess of Milford Haven (vermählt mit Victoria von Hessen [1863–1950], der ältesten Tochter Großherzog Ludwig IV. und seiner Gemahlin Alice); dessen Sohn, Lord Louis Mountbatten (1900–1979), Earl of Burma, Admiral und Chef des Generalstabs des Britischen Empire, letzter Vizekönig von Indien. Auch zwei Königinnen kamen aus der Familie des Prinzen Alexander von Hessen: Louise Mountbatten (1889–1965), von 1923 an Königin von Schweden als Gattin König Gustav VI. Adolf (1882–1973), und Viktoria Eugenie (Ena) (1887–1969), Königin von Spanien als Gattin von Alfons XIII. (1886–1941). Sie war die Tochter von Prinz Heinrich von Battenberg (1858–1896), dem jüngsten Sohn des Prinzen Alexander von Hessen, und Beatrice von Großbritannien (1857–1944), der jüngsten Tochter der Queen Victoria (1819–1901). Sie ist auch die Großmutter von König Juan Carlos I. (* 1938), mit dem in Spanien als Nachfolger des verstorbenen Staatschefs Franco 1975 die Monarchie zurückgekehrt ist.

Der Sohn Alexanders von Hessen, Alexander von Battenberg (1857–1893), war erster Fürst von Bulgarien und verhalf dem von Rußland abhängigen Land zu politischer Selbständigkeit. Als der anfangs von Rußland protegierte Fürst sich aus dieser Bevormundung lösen wollte, entzog ihm Rußland seine Gunst, was zu seinem Rücktritt führte. Die von ihm und der Kaiserin Friedrich (1840–1901) erstrebte Heirat mit der Preußenprinzessin Viktoria (Schwester Kaiser Wilhelm II.) wurde von Bismarck aus Gründen der Staatsraison vereitelt. Er wollte mit einem Deutschen als Regent auf dem Balkan sich nicht unnötigen Konfliktstoff mit Rußland einhandeln. Darüber hinaus war der große Einfluß der „unebenbürtigen" Battenberger auf die Weltpolitik ohnehin vielen, darunter auch Kaiser Wilhelm II., ein Dorn im Auge.

Schließlich ist Prinz Philipp (* 1921), der Herzog von Edinburgh und Gemahl der Königin Elisabeth II. von Großbritannien (* 1926), auch ein Battenberger als Sohn der Alice von Battenberg (1885–1969, Tochter des Lord Ludwig Battenberg) und des Prinzen Andreas von Griechenland (1882–1944). Die Hochzeit am 7. Oktober 1903 in Darmstadt, zuerst in der Hofkirche nach lutherischem, dann in der Russischen Kapelle nach orthodoxem Ritus, war alten Darmstädtern noch als Märchenhochzeit in besonderer Erinnerung. Denn diese Hochzeit hatte mit Zar Nikolaus II. und Zarin Alix, dem König Georg I. von Griechenland und vielen Gliedern des hessischen, griechischen, englischen Hauses zum letzten Mal eine solch große Versammlung nach Darmstadt geführt. Daß die Braut bei der orthodoxen Feier statt Nein Ja und statt Ja Nein sagte (Haben Sie sich schon einem anderen Mann versprochen: „Ja". Sind Sie gewillt, den hier gegenwärtigen Prinzen Andreas zum Gemahl zu nehmen: „Nein"), wird in keinem Buch über die Battenberger Familiengeschichte vergessen.

Von den fünf Kindern von Alice von Battenberg und Andreas von Griechenland war in Darmstadt am bekanntesten Cäcilie (* 1911), die Gemahlin des Erbgroßherzogs Georg Donatus von Hessen, die bei dem Flugzeugabsturz bei Ostende am 16. November 1937 allzufrüh ihr Leben lassen mußte. Durch diese Verheiratung der Schwester kam auch Prinz Philipp gelegentlich nach Darmstadt und Wolfsgarten. Durch die Übersiedelung mit dem Lehrer von Salem, Professor Hahn, nach Gordonstown und den letzten Krieg wurden die Besuche seltener, schließlich für einige Zeit unmöglich. Aber schon lange vor dem Staatsbesuch der Königin Elisabeth in der Bundesrepublik im Jahre 1965 wurden die Besuche auf privater Ebene bald nach dem Krieg wieder aufgenommen. Der Staatsbesuch 1965 im Schloß Wolfsgarten ist im Bilde zu sehen. Der Zug Ihrer Majestäten nächtigte anschließend bei Bickenbach, ganz nahe von Schloß Heiligenberg, der Begräbnisstätte der Battenberger Stammeltern, den Urgroßeltern des Prinzen Philipp.

Es ist bekannt, daß Schloß Wolfsgarten dank der großen Gastfreundschaft seiner Besitzer, des Prinzen Ludwig und der Prinzessin Margaret, Treffpunkt und Zufluchtsort für die weitverzweigte Verwandtschaft ist. Das war es sogleich nach dem Krieg für viele Verwandte, die ihrer Heimat verlustig gegangen sind. Daß Prinzessin Anne aus England ihren damals in der Bundesrepublik stationierten Captain Mark Philipp in Wolfsgarten traf, ehe die Verlobung offiziell bekanntgegeben wurde, bestätigt nur die Bedeutung dieses Schlosses.

Nach dem allzufrühen Tod des Prinzen Ludwig (1908–1968) als „dem Letzten aus dem Hause der Landgrafen von Hessen-Darmstadt und Großherzöge von

Hessen und bei Rhein" verstand sich Lord Louis Mountbatten bis zu seiner Ermordung 1979 auch als Repräsentant des Großherzoglichen Hauses und dessen Erbe. Er stammt sowohl väterlicher- wie mütterlicherseits von den hessischen Großherzögen ab, war deshalb auch in Darmstadt, Wolfsgarten und Heiligenberg zuhause und ein gern gesehener Gast bei mancherlei offiziellen Anlässen, wie z. B. der 100-Jahrfeier des Alice-Hospitals.

Die Geschichte der Battenberger Familie ist in den letzten Jahren in vielen Büchern, in Illustrierten und Zeitungsartikeln beschrieben worden. In England gab es eine mehrteilige Fernsehsendung. Die Brückenfunktion der Familie zwischen England und Deutschland war sehr förderlich bei der Normalisierung und Verbesserung der Beziehungen beider Länder. Hinzu kam ein starkes Interesse an dieser außergewöhnlichen Familiengeschichte, auch eine Bereitschaft der Betroffenen zu publizistischer Darstellung. Als englische Publikation liegt vor: E. H. Cookridge: „Die Battenbergs. Geschichte einer europäischen Familie" (englischer Titel „From Battenberg to Mountbatten"). Hierher gehört auch von David Duff „Die Enkel der Queen. Lebensbild einer deutschen Fürstenfamilie" (englischer Titel „Hessian Tapestry"); dieses Buch ist für Darmstadt besonders lesenswert, weil es sich um die Kinder des Großherzogs Ludwig IV. und Alice von Großbritannien handelt. Prinz Ludwig hat dem Verfasser Quellen zugänglich gemacht und ihn bei der Abfassung des Buches beraten.

Die einzige Tochter der Battenberger Stammeltern, Marie, verheiratete Fürstin Gustav von Erbach-Schönberg, hat als erste in ihren „Memoiren" die Geschichte ihrer Eltern und Geschwister ausführlich beschrieben. Wer wissen will, welche Bedeutung Schloß Heiligenberg bei Jugenheim hatte als Treffpunkt der Fürstlichkeiten aus aller Welt, als Sommeraufenthalt für Zarin Marie und ihre Familie in den 60/70er Jahren des vorigen Jahrhunderts, der greife zu diesem Buch.

Gerade diese sogen. „Russenjahre" haben Jugenheim ungemeinen Auftrieb gebracht. Denn als Prinz Alexander, dem das Schloß zugefallen war, nach seiner Wanderschaft durch die Welt im Dienste Rußlands, dann Österreichs, dann noch einmal als Führer der verbündeten Heere 1866 im Krieg gegen Preußen sich zur Ruhe setzte, war Heiligenberg seine Sommer- und das Alexanderpalais am Luisenplatz (an der Stelle der heutigen Hauptpost) seine Winterresidenz. Er war auch ein großer Geschichtsforscher und Numismatiker (man sehe sich seine Münzsammlung im Landesmuseum an), Förderer des Hoftheaters, von 1872/73 nach dem Theaterbrand sogar Intendant, zuletzt auch Präsident der Ersten Kammer. Prinz Alexander war ein fähiger Soldat und geschickter Diplomat. Daß er 1866 das Vertrauen der Truppen nicht rechtfertigen konnte – trotz der

Vorschußlorbeeren: „Der Alexander, der treibt sie alle auseinander" –, lag an der gewaltigen Unterschätzung der Preußen. Den Einfluß, den er – vor allem durch seine Schwester, die Zarin Marie – weltweit hatte, wird aus beider Briefwechsel ersichtlich, der Grundlage von Egon Caesar Conte Cortis Buch „Unter Zaren und gekrönten Frauen".

Alexanders Gemahlin, Prinzessin Julie, war, wie viele Hessenfrauen, eine große Wohltäterin, nicht nur für Jugenheim und dessen evangelische Kirche. In der umzäunten Anlage gegenüber dem Schloß, einst für Großherzogin Wilhelmine erbaut, an ihren Sohn Alexander, von diesem an seinen Sohn Ludwig übergegangen, ruhen die Battenberger Stammeltern. An der höchsten Stelle des Gartens steht das „Goldene Kreuz", zur Erinnerung an die am 22. Januar 1836 verstorbene Großherzogin Wilhelmine von ihren Kindern 1865 errichtet. Daneben steht seit 1894 die Gedächtniskapelle für die früh verstorbenen Prinzen Heinrich und Alexander; zugänglich sind Garten und Kapelle, wenn man sich vom Pfarramt in der Alexanderstraße 13 öffnen läßt.

Plan der Residenz Darmstadt

Ludwig III. *Darmstadt 9. 6. 1806 ♔ 18. 6. 1848 † Seeheim 13. 6. 1877

Ludwig III. kam im Revolutionsjahr 1848 zur Regierung. Sein Vater hatte ihn kurz vor seinem Tod unter dem Druck der politischen Verhältnisse, am 5. März 1848, zum Mitregenten aufgenommen, um dem Unwillen der Bevölkerung gegen seine Person entgegen zu treten.

Um dem Übergreifen der militanten revolutionären Bewegung aus den badisch-pfälzischen Nachbarländern auf Hessen Einhalt zu gebieten, standen Truppen bereit; doch kam es nicht zu größeren Aktionen.

Ludwig konnte nun durch den neuen Minister Gagern den heiß umkämpften Forderungen entsprechen: Presse- und Versammlungsfreiheit, direkte Wahlen und Petitionsrecht, Vereidigung des Militärs auf die Verfassung, Einführung der Geschworenengerichte und mündliches Gerichtsverfahren. Zwar beseitigten diese Zugeständnisse die Schwierigkeiten nicht sofort, aber sie schufen einen Rechtsboden, der die Regierenden nötigte, von ihren Willkürakten zu lassen.

Die Zeit war gegen die Fürsten, und die Fürsten waren gegen die demokratischen Bestrebungen, zumal diese in ihren radikalen Forderungen nach Demokratie auch die Beseitigung des Adels meinten.

Daß das erste deutsche Parlament in der Frankfurter Paulskirche im Jahre 1848, bei dem der Darmstädter Heinrich von Gagern präsidierte, die hoch gesteckten Erwartungen so bitter enttäuschte, mußte auch verarbeitet werden. Die Ablehnung der Kaiserkrone durch den Preußenkönig kam überraschend, sein Gottesgnadentum verbot es ihm, die Krone aus der Hand des Volkes zu empfangen. Das Parlament vermochte es nicht, zu konstruktiven Beschlüssen zu kommen, demokratische Volkswünsche und dynastische Interessen in Einklang zu bringen. Schon zeichnete sich die Rivalität der beiden führenden Mächte, Preußen und Österreich, ab. Alle diese Enttäuschungen belasteten das politische Klima. Die Anhänger Österreichs sammelten sich in der „Darmstädter Konferenz"; im „Frankfurter Nationalverein" formierten sich die Interessenten an einer deutschen Zentralgewalt mit einer starken Volksvertretung. Reinhard von Dalwigk (1802–1880) versuchte als leitender Minister mit allen Mitteln Hessen auf die österreichische Partei einzuschwören. Die Auseinandersetzung bahnte sich an und wurde in dem kurzen Krieg von 1866 klar zu Preußens Gunsten entschieden. Mit Österreich ging Preußen schonungsvoll um,

Großherzog Ludwig III.

bereicherte sich hingegen kräftig auf Kosten seiner wesentlich harmloseren Kriegsgegner: Hannover, Kurhessen und Nassau. Sie wurden Preußen einverleibt und rundeten dessen Besitz kräftig ab. Bis die hessischen Truppen unter dem Prinzen Alexander zur Feindberührung kamen, war der Krieg zu Ende.

Mit Hessen-Darmstadt ging man glimpflich um; es mußte nur das hessische Hinterland um Biedenkopf und die winzige Landgrafschaft Hessen-Homburg, die kurz zuvor an Darmstadt zurückgefallen war, als Entschädigung an Preußen abgeben und drei Millionen Gulden zahlen. Die mit der Großherzoglichen Familie verwandten Fürstenhäuser von England und Rußland hatten interveniert. Schließlich war Zarin Marie die Schwester Großherzog Ludwig III., und der Kronprinz Friedrich von Preußen und der Erbgroßherzog waren durch ihre Frauen, beide Töchter der Queen Victoria von England, verschwägert.

Hessen mußte dem von Preußen geführten Norddeutschen Bund beitreten und sich durch eine Militärkonvention an Preußen binden, der Vasallenstatus war perfekt geworden. Die Beteiligung am Krieg 1870/71 und die Zustimmung zum Deutschen Reich unter Preußens Führung waren dann selbstverständlich. Daß dann Ministerpräsident von Dalwigk, der jahrzehntelang so leidenschaftlich gegen Preußens Führung in Deutschland gekämpft hatte, von der politischen Bühne abtrat, lag nahe.

Großherzog Ludwig war in all diesen politischen Händeln nicht sonderlich hervorgetreten, weder im eigenen Land noch im gesamtdeutschen Bereich. Er war kein großer Politiker und auch kein Militär. Er interessierte sich für die Geschichte seines Landes und seiner Regimenter und traf Weisungen, daß sie erforscht und aufgeschrieben wurde. 1857 gab er den Befehl, daß jeder Ort eine Ortschronik anzulegen und gewissenhaft zu führen habe, eine Aufgabe, mit der er die Pfarrer betraute. Wo solche Ortschroniken gewissenhaft geführt wurden und auch erhalten sind, sind sie gute Dokumente. Eine besondere Leidenschaft, fast Marotte, Ludwig III. war es, möglichst viele Berufsgruppen zu uniformieren. Nicht nur die Soldaten sollten an ihrem Habit erkannt werden, sondern auch Bahnschaffner, Juristen, Theateraufseher, Pfarrer. Aus dieser Zeit stammt z.B. der „Lutherrock" für evangelische Pfarrer, der lange Gehrock, bis oben geknöpft, gleich dem der katholischen Confratres. In ihm hatte sich der Pfarrer zu präsentieren, wenn er bei Serenissimus sein Ernennungsdekret abzuholen hatte. (Der Verfasser besitzt ein solches, von Ludwig III. in Berchtesgaden für seinen Urgroßvater ausgefertigt.)

Das Interesse für historische Stätten seiner Familie veranlaßte ihn, auch Schloß Braunshardt zurückzukaufen. Es war als Landsitz von Prinz Georg Wilhelm, dem Bruder Ludwig IX., erbaut worden, und dessen Enkelin, Königin Luise von Preußen, hatte hier schöne Jugendjahre verlebt.

Ludwig selbst hielt sich in seinen letzten Lebensjahren häufig in dem Schloß in Seeheim auf, sehr zurückgezogen mit seiner zweiten Frau Anna Magdalena Appel, Freiin von Hochstätten, die er 1868 morganatisch geheiratet hatte. Das Theater, besonders das Ballet, dem sie einmal angehört hatte, erfreute sich deshalb der besonderen Förderung des Serenissimus. Da ersichtlich war, daß der älteste Sohn seines Bruders Carl, Ludwig, einmal Nachfolger Ludwig III. werden würde, war es ihm recht, daß Prinz und Prinzessin Carl (die Gründerin des Diakonissenhauses Elisabethenstift) und der Thronfolger Ludwig nach seiner Heirat 1862 mit der englischen Prinzessin Alice in Darmstadt Hof hielten. Wenn nötig, war „Onkel Louis" auch zur Stelle, z.B. als er die Queen Victoria von England zu empfangen hatte, die sehen wollte, wo ihre Tochter wohnt.

Damals hatte das junge Paar für einige Zeit im Schloß Kranichstein Wohnung bezogen. Bald wurde mit Unterstützung der Queen der Tochter ein „Häuschen", wie sie sagte, gebaut, das ansehnliche „Neue Palais" zwischen

110

Der Brand des Großen Hauses am 24. Oktober 1871. Nach einer Zeichnung von J. M. Bayrer

Wilhelminen- und Marienplatz. Mit einem Bazar zur Errichtung einer Idioten-anstalt, wie man damals sagte, wurde das Palais 1866 eingeweiht; dabei gingen 16 000 Gulden ein.

Von Ludwig III. stammen eine Fülle von Anekdoten. Als er von einem Minister 1866 gefragt wurde, wieviel Kanonen man gegen den Feind einsetzen sollte, war die Antwort: „Am besten alle beide." Berühmt sind seine drei Diener, die Gebrüder Fleck: der Kammerdiener Fleck, der Friseur Fleck, der mit einer Brennschere die Locken zu beiden Seiten des Kahlkopfs zu kräuseln hatte, und der Diener Fleck, der die Zigarrenspitzen aus Meerschaum zu verwalten, zu reinigen und zuzuweisen hatte. Wenn der gute Familienonkel die Familie sonntags zum Diner versammelte, erfreute er Neffen und Nichten mit Biskuits oder auch mit Grimassenschneiden.

Aus der Regierungszeit Ludwig III. ist auch die Einweihung des Lutherdenk-mals in Worms am 25. Juni 1868 zu erwähnen als außergewöhnliches Ereignis auf hessischem Territorium. In der durch die Zerstörung 1689 fast aller mit Luther verbundenen Stätten beraubten Stadt war durch das Bemühen des Wormser Dekans Keim und des Gymnasiallehrers Dr. Eich der Weltprotestan-tismus erwärmt worden, ein dem Reformator angemessenes Denkmal zu errichten. Mehr als die benötigten 250 000 Mark gingen ein, um auf einem fünf Meter hohen Postament eine 3,30 Meter hohe Lutherfigur aufzustellen, umgeben von den vier Vorreformatoren Savonarola, Petrus Waldus, John Wiclif und Johannes Hus. Auch die Fürsten, die am meisten Luthers Sache gefördert, Luthers Landesherr Friedrich der Weise und der Landgraf Philipp der Großmütige, der Ahnherr der hessischen Fürsten, fanden eine Darstellung.

Diese Einweihungsfeier, zu der neben dem Großherzog der König Wilhelm (ab 1871 Kaiser Wilhelm I.) und der Kronprinz von Preußen sowie der König von Württemberg erschienen, war eine mächtige Darstellung eines selbstbewußten Protestantismus, der nichts sehnlicher wünschte, als ein starkes Deutsches Reich unter der Führung eines protestantischen Kaisers.

Demgegenüber wirkten die kirchenpolitischen Maßnahmen und Gesetze, die in den nächsten Jahren erlassen wurden, wie ein Kontrastprogramm, das die Trennung der bisher engen Bindung von Staat und Kirche ankündigte. Das Aufkommen und der wachsende Einfluß des Zentrums als einer katholischen Partei verführten Bismarck zum Kulturkampf, bei dem er trotz seines volltönenden Ausspruchs „Nach Canossa gehen wir nicht" sehr zurückstecken mußte. Die wenigen mageren Ergebnisse, wie z. B. die Zivilstandsgesetzgebung (d. h. der Staat übernimmt die bisher von den Kirchen besorgte Registrierung von Geburten, Eheschließungen und Sterbefällen), rechtfertigten den politischen und ideologischen Aufwand kaum. Auch Hessen ließ sich anfänglich auf diese Kulturkampflinie drängen. Trotzdem waren das Kirchengesetz von 1874, auch wenn es der evangelischen Kirche eine presbyterial-synodale Verfassung dekretierte und Widerstand nicht duldete, und das Kirchenaustrittsgesetz von 1878 ein Fortschritt. Damals wurde auch die Kirchensteuer eingeführt (1876).

Es ist noch über Ludwigs Gemahlin zu berichten, über die Großherzogin Mathilde (* Augsburg 30. 8. 1813, † Darmstadt 25. 5. 1862). Sie war die Tochter des Bayernkönigs Ludwig I., Tante des Königs Ludwig II., dessen schöne Schlösser Neuschwanstein, Herrenchiemsee und Linderhof bis heute die Besucher begeistern. Die berühmten Großeltern Europas, Prinz Georg Wilhelm von Hessen und Marie Luise Albertine von Leiningen, „die den Völkern Väter, Mütter den Ländern gaben", waren auch ihre Urgroßeltern. Daß die Tochter eines katholischen Königshauses einem protestantischen Fürsten zur Frau gegeben wurde, war außerhalb üblicher Spielregeln – aber es geschah. Daß nur der Bräutigam um die Hand der Erwählten bat, erschien dem Münchener Hof nicht ausreichend. So mußte sich eine Gesandtschaft unter Führung des Fürsten Sayn von Wittgenstein und Freiherrn von Riedesel als Brautwerber in München einfinden und um die Hand der Königstochter bitten. Dabei hefteten sie Prinzessin Mathilde ein Miniaturbild des Erbgroßherzogs an die Brust.

Das konfessionelle Problem wurde elegant gelöst, zuerst eine evangelische, dann eine katholische Trauung, so geschehen am 26. Dezember 1833. Die Brautgeschenke wurden zu öffentlicher Bewunderung ausgestellt. Als das Paar im Januar des folgenden Jahres in Darmstadt einzog, wurde dieser Anlaß tagelang gefeiert. Durch das Münchener Beispiel angeregt, wurde die künftige Wohnung des Paares im Schloß zur Besichtigung freigegeben.

Mathilde war eine sehr musisch veranlagte Frau, sie malte, spielte Klavier und Harfe, dazu bot sich auch in Darmstadt Gelegenheit. Die Darmstädter waren tolerant genug, sich mit einer Großherzogin zu befreunden, die katholisch war und blieb. Daß sie zu einer Förderin der katholischen Gemeinde und der St.-Ludwigs-Kirche wurde, war nicht mehr als selbstverständlich. Als Wohltäterin der Armen und Kranken hat Mathilde sich ebenfalls einen Namen gemacht: für die 1844 gegründete Privatkrankenanstalt eines Dr. Küchler übernahm sie das Protektorat, 1866 erhielt sie den Namen „Mathildenkrankenhaus". Das Stadtkrankenhaus und das neugegründete Diakonissenhaus verdanken ihr wesentliche Hilfsstellung. Zur Silberhochzeit 1858 errichtete das großherzogliche Paar aus eigenen Mitteln die „Ludwigs- und Mathilden-Stiftung" für Witwen und Waisen von Staatsbeamten.

Auch den entstehenden Kinderschulen war Mathilde eine Helferin. Als einer armen Steinbrecherfamilie – während die Mutter ihrem Mann das Essen zur Arbeitsstelle brachte – bei einem Zimmerbrand drei Kinder erstickten, führte dies zur Gründung der ersten „Kinderbewahranstalt", deren Protektorat zuerst Großherzogin Wilhelmine und später Mathilde übernahmen. Die erste „Kleinkinderschule" wurde 1834 in Bessungen gegründet, eine weitere „Kleinkinderschule für Kinder aus höheren Ständen" durch den Schulgehilfen Johannes Fölsing 1843 am Erziehungsinstitut Lucius und Knispel. 1859 entstand noch eine Kinderschule in der Soderstraße, neben der von katholischen Schwestern neu eingerichteten Station für die häusliche Krankenpflege.

Großherzogin Mathilde hatte der St.-Ludwigs-Kirche 1858 eine Kopie von Guido Renis „Himmelfahrt Mariae" gestiftet. Nach ihrem Tod 1862 wurde sie in St. Ludwig in einer besonderen Gruft beigesetzt, aber auch in der Stadtkirche wurde ein Trauergottesdienst gehalten. Bei der Enthüllung des von ihrem Vater gestifteten Marmorgrabmals 1865 – der Münchener Bildhauer Max von Widmann hat die Entschlafene liegend mit einem Kreuz in den Händen dargestellt – hielt der Bischof von Mainz, Wilhelm Freiherr von Ketteler, die Gedenkrede. Nach der Kriegszerstörung der Ludwigskirche wurde der Sarg der Großherzogin Mathilde zu ebener Erde neu bestattet. Das Denkmal mußte, da zu stark zerstört, entfernt werden. Außer Großherzogin Mathilde wurde 1867 auch Prinz Friedrich von Hessen (1788–1867), ein Sohn Großherzog Ludewig I., in St. Ludwig bestattet. Er war ebenfalls ein Wohltäter der Pfarrei, eine der Glocken von 1853 trug nach ihm den Namen „Friedrich-Glocke".

Da Ludwig III. ohne Kinder blieb, folgte ihm auf dem Thron sein Neffe Ludwig.

Ludwig IV.

* Bessungen 12. 9. 1837 👑 13. 6. 1877
† Darmstadt 13. 3. 1892

Mit Ludwig IV. kommt der älteste Sohn des Prinzen Carl (1809–1877), Bruder Ludwig III., und der preußischen Prinzessin Elisabeth (1815–1885) zur Regierung. Welche Rolle seine Eltern in Darmstadt spielten, wurde schon erwähnt. Die weiteren Geschwister Ludwigs waren Prinz Heinrich, hessischer und preußischer General (* Bessungen 1838, † München 1900), Prinzessin Anna (1843–1865), vermählt mit Großherzog Friedrich Franz II. von Mecklenburg-Schwerin (1823–1883), und Prinz Wilhelm, hessischer General (* Bessungen 1845, † Schloß Rosenhöhe 1900).

In jungen Jahren war Ludwig in preußischen Militärdienst getreten und dadurch mit dem Kronprinzen Friedrich (dem 99-Tage-Kaiser Friedrich III.) befreundet. Später wurden sie verwandt, da sie beide Töchter der Queen Victoria von England heirateten: Friedrich am 25. Januar 1858 die Princess Royal, die älteste Tochter Victoria (* London Buckingham Palace 22. 11. 1840, † Kronberg-Friedrichshof 5. 8. 1901); Ludwig am 1. Juli 1862 zu Osborne (Isle of Wight) die zweitälteste Tochter Alice (* London 25. 4. 1843, † Darmstadt 14. 12. 1878). Dadurch lag es nahe, daß Ludwig Preußen mehr zugeneigt war als Österreich und daß das zu Felde ziehen gegen Preußen 1866 ihm große Not machte. Die Briefe, die die Gattin Alice durch alle Darmstädter Jahre hindurch an ihre Mutter schrieb, spiegeln diese Nöte wider. Sie sind überhaupt ein lesenswertes Dokument, das die innige Verbundenheit Alices mit ihrem Elternhaus und mit ihrem Gatten zeigt. Übrigens war sie darin ihrer Schwester Victoria in Berlin, später Kronberg, ähnlich, denn auch von ihr ist die Korrespondenz erhalten und veröffentlicht. Freilich hatte Victoria mehr Nöte, da die Beziehung zu ihrem Erstgeborenen Sohn „Willy", dem letzten deutschen Kaiser, nicht ungetrübt waren.

Bei einem Besuch in England mit seinem Bruder Heinrich zum Ascot-Rennen im Jahre 1860 gewann Ludwig das Interesse und die Zuneigung der Alice und sehr bald auch die Billigung der allgewaltigen Queen, die in Heiratsangelegenheiten das Sagen hatte. Durch ihren innigstgeliebten Gemahl Albert aus deutschem Geblüt und ihrer Coburger Erbmasse hatte sie ohnehin eine Vorliebe für deutsche Partner für ihre neun Kinder. So heirateten vier ihrer fünf Töchter deutsche Prinzen und zwei der vier Söhne deutsche Prinzessinnen: Victoria den

Großherzog Ludwig IV.

Prinzen Friedrich von Preußen, den späteren deutschen Kaiser Friedrich III.; Alice den Prinzen Ludwig von Hessen, den späteren Großherzog Ludwig IV.; Helene den Prinzen Christian zu Schleswig-Holstein; Beatrice den Prinzen Heinrich von Battenberg; Arthur die Prinzessin Louise Margarethe von Preußen und Leopold die Prinzessin Helene zu Waldeck-Pyrmont.

Die Hochzeitsvorbereitungen für Alice und Ludwig wurden überschattet durch den plötzlichen Tod des Prinzgemahls Albert (* Coburg 26. 8. 1819, † Windsor Castle 14. 12. 1861). So hielt man am 1. Juli 1862 Hochzeit im engsten Kreis in Osborne House, im Schloß, das weitgehend nach Alberts Vorstellungen gebaut war. Nach seinem Tod blieb das Haus, solange die Queen lebte, mit aller Einrichtung so, wie er es verlassen hatte. Sie selbst ist dort auch in den Armen ihres ältesten Enkels, Kaiser Wilhelm II., wie eine Version besagt, am 22. Januar 1901 verstorben. Sie hatte 64 Jahre regiert und einem Zeitalter ihren Namen gegeben.

Im Kirchenbuch der zuständigen Parish Church in Whippingham, die Victoria – wenn sie in Osborne House weilte – zu besuchen pflegte, findet sich unter dem 23. Juli 1885 der Traueintrag ihrer jüngsten Tochter, Beatrice (1857-1944), mit dem Prinzen Heinrich von Battenberg, genannt „Liko" (1858–1896), dem jüngsten Sohn der Battenberger Stammeltern, des Prinzen Alexander von Hessen und der Prinzessin Julie. Bei der Hochzeit des Bruders Ludwig Battenberg (1854–1921) mit Victoria (1863–1950), ältester Tochter Ludwig IV. und Alices, am 30. April 1884 in Darmstadt in Anwesenheit der Queen war diese Verbindung geknüpft worden. Freilich war die Heirat der Tochter Beatrice, des Trostes ihrer Witwenjahre, nur unter der Bedingung zugestanden worden, daß das Paar in der Nähe der Mutter bleiben werde. Als der als preußischer Gardeoffizier großgewordene Prinz nach langem Drängen seiner Schwiegermutter durch Beteiligung an einer militärischen Aktion seiner Königin seine Ergebenheit bekunden wollte, starb er am 20. Januar 1896 an Bord des Kreuzers „Blonde" an einer Seuche. In dem Kirchlein von Whippingham ist Prinz Heinrich von Battenberg unter einem Baldachin beigesetzt; dort sind auch die Trauringe von Heinrich und Beatrice in einen Kelchgriff eingearbeitet und hinter dem Kirchenstuhl der Queen ist eine Gedenktafel für ihre frühverstorbenen Kinder Leopold und Alice angebracht. Heinrich und Beatrice sind – wie schon erwähnt – die Eltern der letzten Königin von Spanien, Ena.

Den Friedhof um die Kirche von Whippingham hat sich Heinrichs ältester Bruder, Prinz Ludwig von Battenberg – bis zu seiner erzwungenen Abdankung 1914 Erster Lord der Britischen Admiralität, der als Marquess of Milford Haven 1917 seinen Namen in Mountbatten änderte, Vater von Lord Louis Mountbatten und Großvater von Prinz Philipp, Herzog von Edinburgh – als Begräbnisstätte für seine Frau Victoria und sich ausgewählt. Der Besucher kann unschwer feststellen, daß das Grabkreuz eine verkleinerte Nachbildung des Jugenheimer „Goldenen Kreuzes" ist.

Mit Alice kommt 1862 eine liberal, konstitutionell, demokratisch und sozial gesonnene Erbgroßherzogin nach Darmstadt. In den wenigen Jahren, die ihr vergönnt waren – 1878 starb sie im Alter von 35 Jahren –, hat sie unendlich viel Segensreiches bewirkt und eingeleitet. Die Denkmäler, die von ihr künden sind – neben dem 1902 auf dem Wilhelminenplatz errichteten Obelisken – das Alice-Hospital, die Alice-Schwesternschaft, der Alice-Frauenverein und die Alice-Eleonoren-Schule.

In der konstitutionellen Denkart des Mutterlandes der Demokratie war Alice groß geworden. Ihr waren Fürstenverantwortlichkeit und Volksherrschaft keine Alternativen und Demokratie kein Schreckgespenst. Sie brachte die Fähigkeit

Großherzogin Alice

mit, die in ihrem Lande besser beherrscht wird als bei uns, abweichende Anschauungen zu ertragen, mit ihnen im Gespräch zu bleiben, auch Kompromisse zu schließen. Es ist schade, daß die mögliche Verbindung bester deutscher und englischer Begabungen und Fähigkeiten nicht erfolgt ist, weil die Bemühungen des Kaisers Friedrich III. und seiner englischen Frau Victoria durch den frühen Tod des Kaisers – nach 99 Tagen der Regierung – nicht wirksam werden konnten. Möglicherweise wären wir nicht in diese entsetzlichen Katastrophen geschliddert, „Wenn..." – so der Titel, den Egon Caesar Conte Corti seiner Biographie der Kaiserin Friedrich gegeben hat.

Nach dem festlichen Einzug in Darmstadt nahm das junge Erbgroßherzogspaar zunächst im Schloß Kranichstein Wohnung, doch wurden die zur Verfügung stehenden Räume bald zu klein, zumal sich eine zahlreiche Kinderschar einstellte:

Viktoria (* Windsor Castle 5. 4. 1863, † London 24. 9. 1950), vermählt in Darmstadt am 30. 4. 1884 mit dem Prinzen Ludwig Battenberg (1854–1921), britischer Marineoffizier, lebte vorwiegend in England. Ihrer Ehe entstammen Prinzessin Alice von Battenberg (deren Kinder mit dem Prinzen Andreas von Griechenland sind: Margarita, Fürstin zu Hohenlohe-Langenburg [† 1981]; Theodora, Markgräfin von Baden [† 1969]; Cäcilie, Erbgroßherzogin Georg Donatus von Hessen und bei Rhein [† 1937]; Sophie, Prinzessin Georg Wilhelm von Hannover; Philipp, Herzog von Edinburgh, Gemahl der Königin Elisabeth II. von Großbritannien); Prinzessin Louise von Battenberg, Königin Gustav VI. Adolf von Schweden († 1965); Prinz Georg, 2nd Marquess of Milford-Haven († 1938); Prinz Louis, Lord Mountbatten, Earl of Burma († 1979).

Elisabeth (* Darmstadt 1. 11. 1864, † Ssinjatschicha 6./18. 7. 1918), vermählt in St. Petersburg am 3./15. 6. 1884 mit Großfürst Sergius von Rußland (* 1857, ermordet 1905), Gouverneur von Moskau, Sohn des Zaren Alexander II. und der Marie von Hessen und bei Rhein; kinderlos; nach dem Tod des Gatten Priorin des Martha-und-Marien-Klosters in Moskau, 1918 durch die Russische Revolution in einem Bergwerkschacht ermordet, 1921 in der russisch-orthodoxen Kirche in Jerusalem beigesetzt.

Irene (* Darmstadt 11. 7. 1866, † Hemmelmark bei Eckernförde 11. 11. 1953), vermählt in Charlottenburg am 24. 5. 1888 mit Prinz Heinrich von Preußen (1862–1929), Sohn Kaiser Friedrich III. und der Victoria von Großbritannien, Großadmiral, drei Söhne.

Ernst Ludwig (* Darmstadt 25. 11. 1868, † Wolfsgarten 9. 10. 1937), Großherzog von Hessen und bei Rhein vom 13. 3. 1892 bis 9. 11. 1918, vermählt in erster Ehe in Coburg am 19. 4. 1894 mit Prinzessin Viktoria Melita von Sachsen-Coburg-Gotha, später Großfürstin Kyrill von Rußland (* Malta 25. 11. 1876, † Amorbach 2. 3. 1936), eine Tochter: Elisabeth (* Darmstadt 11. 3. 1895, † Skiernewicze 16. 11. 1903), geschieden 21. 12. 1901; vermählt in zweiter Ehe in Darmstadt am 2. 2. 1905 mit Prinzessin Eleonore zu Solms-Hohensolms-Lich (* Lich 17. 9. 1871, † Steene bei Ostende 16. 11. 1937), zwei Söhne: Georg Donatus (* Darmstadt 8. 11. 1906, † Steene bei Ostende 16. 11. 1937) und Ludwig (* Darmstadt 20. 11. 1908, † Frankfurt am Main 30. 5. 1968).

Friedrich Wilhelm (* 7. 10. 1870, † Darmstadt 29. 5. 1873 durch Sturz aus einem Fenster des Neuen Palais).

Alix (* Darmstadt 6. 6. 1872, † Jekaterinburg 4./17. 7. 1918), vermählt in St. Petersburg am 14./26. 11. 1894 mit Nikolaus II. Alexandrowitsch, Zar von Rußland von 1894–1917 (* St. Petersburg 6./18. 5. 1868, † Jekaterinburg 4./17.

Die Großherzoglichen Herrschaften mit ihren Hohen Russischen Anverwandten und dem Gefolge auf Jagdschloß Wolfsgarten, Herbst 1910.

Unterste Reihe (v. l.): Großfürstthronfolger Alexej von Rußland, Erbgroßherzog Georg Donatus, Prinz Ludwig, Großfürstin Tatjana von Rußland.

Zweitunterste Reihe: Prinzessin Irene von Preußen, Großfürstin Maria von Rußland, Großfürstin Olga von Rußland.

Mittlere Reihe: Großherzogin Eleonore, Großfürstin Anastasia von Rußland, Prinz Heinrich von Preußen, Zar Nikolaus II. von Rußland, Zarin Alexandra Feodorowna von Rußland, Oberhofmeisterin Freiin von Grancy.

Zweitoberste Reihe: Oberstallmeister Riedesel Freiherr zu Eisenbach, Hofdame Fräulein von Bützow, Großherzog Ernst Ludwig, Flügeladjudant Rittmeister Freiherr von Massenbach, Hofdame Freiin von Rotsmann, Hofdame Fräulein Tutschew, Hofdame Fräulein von Oertzen.

Oberste Reihe: Leibarzt Dr. Botkine, Persönl. Adjudant Kapitänleutnant von dem Knesebeck, Flügeladjudant Kapitän Drenteln, Hofmarschall Freiherr von Ungern-Sternberg, Kammerherr Freiherr von Leonhardi.

7. 1918), nahm am 21. 10./2. 11. den Namen Alexandra Feodorowna an; Alix und Nikolaus wurden mit ihren Kindern Olga (* 1895), Tatjana (* 1897), Maria (*1899), Anastasia (* 1901), Alexej, Zarewitsch (* 1904) am 4./5. / 16./17. 7. 1918 durch die Russische Revolution in Jekaterinburg erschossen.

Maria (* Darmstadt 24. 5. 1874, † Darmstadt 16. 11. 1878 an Diphtheritis).

Aus diesen kurzen biographischen Angaben wird ersichtlich, wie sehr sich durch die Heiraten der Kinder Ludwig IV. und Alices der Rahmen ausweitet – familiär-dynastisch und geographisch: England, Preußen, Rußland. Schon einmal war man in ähnlicher Weise ausgeschritten, zu den Zeiten der Großen Landgräfin Caroline. Darmstadt, Residenz eines recht kleinen Landes, wird für die letzten 50 Jahre seiner Monarchie zu einem sehr bedeutenden Treffpunkt der Europäischen Fürstenhäuser. Anlässe, bei denen es besonders deutlich wird, sind Hochzeiten: 1884 von Ludwig Battenberg und Viktoria von Hessen, 1903 die deren Tochter Alice mit dem Prinzen Andreas von Griechenland und 1931 die deren Tochter mit dem hessischen Erbgroßherzog. Mehrmals reist die englische Queen Victoria an, um nach dem Rechten zu sehen. Trotz der engen Verwandtschaft sieht man Kaiser Wilhelm II. nach seinem Antrittsbesuch als junger Kaiser nur ganz selten. In seinen Jugendjahren kam er öfters zu den hessischen Vettern und Cousinen, die familiäre und ungezwungene Art sollte ein Ausgleich zu Berlin und Potsdam sein. Mag sein, daß das hessische Kontrastprogramm ihm weniger zusagte.

Die Verheiratung von Elisabeth mit Großfürst Sergius (Sohn der hessischen Mutter Marie, die eine Schwester von Großherzog Ludwig III. und der Prinzen Carl und Alexander war) schuf für Alix die Voraussetzung, daß der Neffe von Sergius, Zar Nikolaus II., ihr Gemahl und Darmstadt von den russischen Verwandten gern aufgesucht wurde. Hier fühlten sie sich sicher vor Anarchisten, konnten sich frei bewegen. Für einen mehrwöchigen Ferienaufenthalt der Zarenfamilie im Jahre 1910 wurde die gesamte Burg in Friedberg von Bewohnern freigemacht, um den Gästen ausreichend Sicherheit garantieren zu können. Wo russische Zaren und Großfürsten sich wohlfühlten, da folgten auch sonstige russische Gäste. Das ist der Grund für die vielen russisch-orthodoxen Kapellen in unserem Raum, in Bad Ems, Bad Homburg, Wiesbaden, Bad Nauheim und in Darmstadt. Unsere Darmstädter Kapelle war freilich nur als Privatkapelle für die Zarenfamilie gedacht, als sie 1899 geweiht wurde. Die nach dem Ersten und Zweiten Weltkrieg in unser Land gekommenen Glieder der russisch-orthodoxen Kirche sowie ihre Nachkommen sind dankbar, daß ihnen mit dieser Kapelle ein Stück Heimat gegeben ist. Nicht weniger sind es die ausländischen Mitbürger orthodoxen Glaubens, Jugoslawen und Griechen, die in der Kapelle auch Gastrecht haben.

120

1974–76 wurde die 1899 geweihte Russische Kapelle umfassend renoviert. Mit Förderung und unter der Schirmherrschaft I. K. H. Prinzessin Margaret von Hessen und bei Rhein, des Oberbürgermeisters Heinz-Winfried Sabais, des Bischofs von Mainz, Kardinal Hermann Volk, des Kirchenpräsidenten der Evangelischen Kirche in Hessen und Nassau, D. Helmut Hild, und des Bischofs der russich-orthodoxen Auslandskirche, Paul, wurden DM 300000 hierfür aufgebracht. Dadurch wurde nicht nur ein Wahrzeichen unserer Stadt erhalten, sondern auch ein Zeichen aufgerichtet für gute Zusammenarbeit zwischen Bürgergemeinde und Christengemeinde zum Nutzen unserer russisch-orthodoxen Mitbürger.

Das ungeheure Leid, das die Zarenfamilie und die Großfürstin Sergius heimsuchte, traf auch die Familie in Darmstadt mit. Die Geschwisterliebe, die Alice in ihrem Elternhaus so beglückend erfahren hatte, hat sie auf ihre Kinder übertragen. Sicher hat ihr früher Tod dieses Zusammengehörigkeitsgefühl noch verstärkt. Auch galt den mutterlosen Kindern besonders die liebende Fürsorge der Großmutter Victoria, die diese oft zu sich holte.

Zu dem einzigen Bruder Ernst Ludwig („Erny" genannt) kamen die vier Schwestern immer gerne; er war stets für sie da, auch als er der Großherzog war. Ein Brüderchen Fritz hatte sich als Dreijähriger beim Spiel zu Tode gestürzt. Sicher hätte Ernst Ludwig mit Freuden eine das Massaker von Jekaterinburg überlebende Nichte Anastasia anerkannt, wenn sie die echte gewesen wäre.

Trotz der großen Kinderschar mit diesen Pflichten und den anderen, die Alice noch zusätzlich übernahm, war *„ihr beständiges Ziel …, meinem Manne ein heiteres gemüthliches Heim zu bereiten…" „Unser Leben ist ein sehr, sehr glückliches. Ich habe nichts auf Erden zu wünschen"*, schrieb sie in zwei ihrer vielen Briefe an die Mutter in den Anfangsjahren. Und ein andermal: *„Ich habe alles, was die Welt mir geben kann, wenn Louis zu Hause ist; denn ich bin wirklich niemals glücklicher, als an seiner Seite, und die Zeit vermehrt nur unsere Zuneigung und bindet uns fester aneinander."*

Hinsichtlich der Erziehung ihrer Kinder war für Alice oberster Grundsatz, daß die Kinder so einfach und so anspruchslos wie möglich heranwachsen und so viel wie möglich um ihre Eltern sind und zu ihnen jederzeit das größte Vertrauen haben. Dem Erzieher ihres Sohnes schrieb Alice einmal, wie sie sich ihren Sohn wünscht: *„Ein Edelmann im vollsten Sinne des Wortes, ohne Prinzendünkel, bescheiden, unegoistisch, hilfreich, mit jenen Eigenschaften, welche vor allem die englische Erziehungsmethode zu entwickeln strebt: Pflichtbewußtsein, Ehrgefühl, Wahrheitsliebe und die Achtung vor Gott und dem Gesetze, die allein wahrhaft frei machen."*

Durch ihre veröffentlichten Briefe können wir Anteil nehmen an ihren Freuden und Schmerzen. Wie bangte sie, wenn der Gatte sie verlassen muß, so 1869 zusammen mit seinem Schwager, dem Kronprinzen von Preußen, zur Einweihung des Suezkanals oder an die Front 1866 und 1870. Wie überglücklich berichtete Alice der Mutter über die Rückkunft des Gatten. In dem Neuen Palais, von dem Mainzer Architekten Conrad Kraus erbaut, war nun ausreichend Wohnraum, aber *„wegen des Hauses,"* so schrieb Alice, *„müssen wir in den nächsten Jahren sehr sparsam leben".* Deshalb nähte sie die Kleider für ihre Kinder selber.

In ihrer natürlichen Art fand Alice schnell den Zugang zu Arm und Reich, Hoch und Niedrig, und sie suchte den Kontakt. Die Erfahrungen bei ihren Armenbesuchen und die Nöte, die durch die Kriege entstanden, ließen Alice zu Taten schreiten: Sie sorgte für bessere Unterstützung der Armen und für Pflege von Kranken und Verwundeten und Ausbildung derer, die sie pflegen sollen.

„Ich muß Dir etwas erzählen", schrieb Alice am 5. März 1864, *„was ich neulich getan habe, aber bitte, sage es Niemandem, denn hier weiß keine Seele außer Louis und meinen Damen etwas davon. Ich bin die Protektorin der ‚Heidenreich-Stiftung', der Du auch bei der Entstehung ein hübsches Geschenk gemacht hast. Die Damen, welche Mitglieder sind, bringen armen, achtbaren Wöchnerinnen, welche ihre Hilfe in Anspruch nehmen, Leinenzeug. Auch bringen sie ihnen Nahrung, kurz, sie unterstützen sie. Über alle Fälle wird an mich berichtet. Vor einigen Tagen ging ich incognito mit Christa (Freiin Schenck zu Schweinsberg, Hofdame) zu einer solchen armen Wöchnerin in der Altstadt, und welche Mühe hatten wir, bis wir das Haus fanden. Endlich ging es durch einen kleinen schmutzigen Hof, eine dunkle Leiter hinan, in eine kleine Stube, wo in einem Bett die arme Frau und ihr Baby lagen; in dem Raum waren noch vier Kinder, der Mann, zwei andere Betten und ein Ofen. Übrigens war kein übler Geruch in der Stube, noch war es schmutzig. Ich schickte Christa mit den Kindern hinunter, dann kochte ich mit dem Mann etwas für die Frau, machte ihr das Bett ein wenig in Ordnung, nahm ihr das Baby ab, badete seine Augen, die recht bös waren – das arme kleine Ding – und legte überall Hand an. Ich ging zweimal hin. Die Leute kannten mich nicht, und sie waren so nett, gutmütig und rührend anhänglich unter sich; es tat dem Herzen wohl, in solcher Armut so richtiges Gefühl zu finden. Der Mann war arbeitslos, die Kinder waren noch zu jung, um in die Schule gehen zu können, und bei ihrer Niederkunft hatte sie nur vier Kreuzer im Hause. Denke Dir dieses Elend und Mißgeschick! Wenn man nie irgendwelche Armut sieht und immer nur unter Hofleuten lebt, tritt die Herzlichkeit in den Hintergrund, und ich fühlte das Bedürfnis, das wenige Gute zu tun, was in meinen Kräften liegt. Ich bin überzeugt, Du verstehst mich."*

Über das Damen-Komitee zur Gründung der genannten Idiotenanstalt, dessen

Leitung sie 1866 übernommen hatte, schrieb Alice: „*Ich habe das Comitee aus den verschiedenen Schichten ausgesucht, die eine Hälfte adelig, die andere bürgerlich, und alle diese Damen, von denen ich bisher noch nicht die Hälfte kannte, und die in meinem kleinen Zimmer zusammenkommen und beraten, streiten bis jetzt noch nicht untereinander.*"

Um die Pflege der Verwundeten und Kranken zu bessern, faßte Alice den Plan, Krankenhauspflege durch weibliche Kräfte ohne konfessionelle Bindung als Beruf ausüben zu lassen und dafür die notwendige Schule zu schaffen. In dem bald entstandenen Alice-Hospital und seiner Pflegeschule wurde dieser Plan verwirklicht. Um den Anforderungen, die der Krieg 1870 stellte, besser gewachsen zu sein, erstand ein (Alice-)Frauenverein für Krankenpflege. Bei Kriegsbeginn waren es 16 Pflegerinnen, die sich bereitfanden, die Zahl wuchs auf 164 an, eingesetzt in Darmstadt und anderen Orten Hessens, auf Verbandsplätzen bei Metz und in Sanitätszügen. Eine weitere Gründung war der „Aliceverein für Frauenbildung und Erwerb" – die Alice-Eleonoren-Schule als eine Frauenfachschule ist hieraus erwachsen.

Alice entfaltete in den wenigen Jahren von 1862 bis 1878 eine Aktivität und vielseitig anregende Tätigkeit, als hätte sie gewußt, wie kurz ihre Lebensspanne bemessen sei und wie sehr sie berufen sei, ihr Leben zu verströmen.

Die Belastungen der Kriege 1866 und 1870, der Todessturz ihres dreijährigen Söhnchens Fritzi 1873 erfüllten Alice mit bangen Gedanken:

„*Möge die Stunde der Prüfung und des Grams ihren Segen mit sich bringen und nicht vergebens gekommen sein. Der Tag geht schnell vorüber, wenn man Gutes tun und andere beglücken kann, und es bleibt immer so vieles ungetan.*

Mehr als je fühle ich, daß man nichts aufschieben sollte, und die Kinder wachsen so schnell heran und verlassen einen und ich würde danach trachten, daß sie nichts als die Erinnerung an Liebe und Glück aus ihrer Heimat in den Kampf der Welt mitnähmen, die Gewißheit, daß sie dort immer einen sicheren Hafen und offene Arme finden werden, um sie in ihrem Ungemach zu trösten und zu ermutigen.

Ich hoffe wirklich, daß dies der Fall sein wird, obgleich die Aufgabe für Eltern so schwierig ist, beständig geben zu müssen, ohne daß es immer gleich Erwiderung findet...

Ich setze mein Vertrauen auf den Allmächtigen, welcher soweit unser Leben beschützt und so reich gesegnet hat, so viel, viel mehr, als ich je verdient habe oder verdienen kann, und Er wird uns in der Stunde der Not nicht verlassen, dessen bin ich gewiß..."

Und ein andermal schrieb sie: „*Diese gefährlichen Zeiten stimmen Einen sehr ernst und besorgt; der Trost des Glaubens und das Vertrauen auf Gott, welcher alles zum Besten lenkt, ist die einzige Stütze, und das Leben ist nur eine Pilgerfahrt.*

Etwas mehr oder weniger Sorge ist jedermanns Los; aber die Vorahnung vom Unglück ist beinahe ein so großes Leiden als das Unglück selbst, und ich war immer eine ängstliche Natur, kann also die Gedanken, welche einem alle schrecklichen Möglichkeiten des Krieges aufdrängen, nicht bannen."

Nachdem ihrem Gatten 1877 das Regiment übertragen war, schrieb Alice am 9. September 1877: *,,Gebe Gott, daß wir im Stande sein möchten, durch ernstes Streben und Sorgen für andere zum Wohl des Volkes zu leben, das unserer Fürsorge anvertraut ist. Möge Gottes Segen auf unseren gemeinsamen Bestrebungen, stets das Beste zu tun, ruhen, und möge man uns mit Milde und Nachsicht beurteilen, wenn wir unseren Pflichten nicht ganz nachzukommen vermögen."*

Das kann man mit Fug und Recht sagen, daß Großherzogin Alice durch ,,ernstes Streben und Sorgen für andere zum Wohl des Volkes" gelebt hat. Sie hat Impulse gegeben und Akzente gesetzt, von deren Auswirkung wir auch heute kräftig zehren, die zugleich durch sie immer wieder neu entfacht werden können. Die ihr in der gleichen Stellung folgten, sind auf dieser Linie geblieben: Prinzessin Victoria, ihre Tochter, Großherzogin Eleonore, Erbgroßherzogin Cäcilie, Prinzessin Margaret. Der Maßstab war gegeben für das, was einer Fürstin als vornehmste Aufgabe ziemt.

Da es schon fast zu einer Manie geworden ist, soziale Verbesserungen nur dem Mann aus dem Volk, den Fürstenhäusern aber deren Vorenthaltung zuzuschreiben; hier am Beispiel einer Landesmutter ist abzulesen, daß Erweckung sozialen Verantwortungsbewußtseins und Tatkraft auch und immer wieder von solchen Persönlichkeiten in Gang gesetzt worden sind.

Das Leben von Großherzogin Alice kommt schnell und tragisch zu seinem Ende. Sie erkrankte an Diphtherie, infiziert von ihren Kindern. Während die Kinder, um die sie bangte, genesen, starb ihre vierjährige Tochter Marie am 16. November 1878 und nahm die Mutter am 14. Dezember 1878 mit ins Grab. Mit der Tochter im Arm, so ist die frühvollendete Großherzogin Alice auf dem Marmorsarkophag im neuen Mausoleum abgebildet.

Die fünfzehn Regierungsjahre Ludwig IV. von 1877 bis 1892 sind die ,,Gründerjahre". Die Friedensjahre helfen zu Aufschwung in Handel und Gewerbe. Vom Ausbau der Gewerbeschule zur Technischen Hochschule 1877 wurde schon berichtet. Zwar blieb Darmstadt weiter Garnisonstadt mit reichlich Soldaten, die Wache stehen, paradieren und auf dem ,,Exert" exerzieren. Nach der Eisenbahn zwischen Frankfurt und Heidelberg, nach Worms und Eberbach am Neckar entstand die Straßenbahn und verkürzte die Wegstrecken in der Residenz, in der Beamten und Soldaten, aktive und pensionierte, die Szene bestimmten. Von Darmstadt aus wurde das Hessenland regiert, deshalb waren die Ministerien – Inneres, Finanzen und Justiz – ganz wichtige Gebäude.

Das Darmstädter Residenzschloß 1892

Beamte, die sich in einer der drei Provinzen besonders ausgezeichnet hatten, anvancierten ans Ministerium. „Die Rheinstraß' Darmstadts Hauptstraß' ist, es wimmelt drauf ein Akzessist" (Beamtenanwärter für den gehobenen Dienst), der Spottvers amüsierte sich darüber, daß Darmstadt als Sitz der Landesregierung ein so ruhiges Pflaster war. Im Lande herrschten die Nationalliberalen für längere Zeit, doch gewannen die Sozialdemokraten Stimmen und Einfluß. Ihr Mittelpunkt in Hessen war Offenbach, dessen Wahlkreis 1881 Wilhelm Liebknecht in den Reichstag brachte. Die „Neue Offenbacher Zeitung" erschien ab 1874 als erste Zeitung der Sozialdemokraten, Schriftleiter war Carl Ulrich. Er wurde 1919 zum ersten Staatspräsidenten des Freistaates Hessen gewählt. Im Landtag von 1884 (der Zweiten Kammer der Landstände) saßen 39 Nationalliberale, 7 vom Zentrum, drei Freisinnige, ein Parteiloser.

In die Zeit Ludwig IV. fiel 1879 – acht Jahre nach dem großen Theaterbrand – die Wiedereinweihung des Hoftheaters. Baulich erfuhr die Stadt Erweiterungen, die Bevölkerung wuchs schneller als in den vorangegangenen Jahrzehnten. Durch Privatinitiativen wurde das kulturelle Leben der Stadt bereichert: „Dilettanten" kommen in größerer Breite zum Zuge: durch einen forschen Pfarrvikar Dr. Sell entstand 1874 an der Stadtkirche ein Kirchengesangverein. Frühere Gründungen waren 1832 der Musikverein (gegründet als „Dilettantenverein") und der 1843 entstandene Mozart-Verein. Eine gewisse Rolle spielte

125

auch die Freimaurerloge, der neben und nach den fürstlichen Gönnern anzugehören honorig war. Der repräsentative Bau der Loge war bereits durch Ludewig I. erstellt worden.

In Darmstadt am Hof fand der Theologe und Philosoph David Friedrich Strauß Aufnahme. Durch sein aufsehenerregendes Buch „Leben Jesu" hatte er sich den Zorn seiner theologischen Kollegen zugezogen. Nun schrieb Strauß 1868 bis 1872 sein Buch über Voltaire und las Großherzogin Alice Kostproben davon vor. Daß ihr solche Protektion übel genommen wurde und ihr den Vorwurf der Freigeisterei eintrug, kümmerte sie wenig.

Ludwig IV. war *„ein liebenswürdiger Mensch, der ganz in seinen militärischen Aufgaben aufging, ein Mann, der sich über nichts aufregte und immer zu Späßen aufgelegt war"*, schrieb seine Tochter Viktoria über ihn, *„einer der gütigsten und gerechtesten Männer, ebenso liberal wie anständig. Mein Vater verstand sein Volk, und sein Volk verstand ihn..."* Sein plötzlicher Tod wurde im Lande aufrichtig betrauert. Er soll der Lieblingsschwiegersohn der Queen Victoria gewesen sein. Schon bald nach der Heirat legte sie ihm den Titel „Royal Highness" bei, zeichnete ihn mit dem Hosenbandorden aus und wünschte ihn möglichst oft in ihrer Nähe. Im Reiterdenkmal am Schloß ist Ludwig IV. bis zur Stunde anschaulich gegenwärtig.

Ernst Ludwig

* 25. 11. 1868 ♛ 13. 3. 1892–9. 11. 1918
† Wolfsgarten 9. 10. 1937

Nach dem unerwarteten, frühen Tod des Vaters im Jahre 1892 kommt Ernst Ludwig mit fast 24 Jahren zur Regierung. In seiner ersten Proklamation erklärt er, *„daß wir Uns die Handhabung von Recht und Gerechtigkeit sowie die Förderung der Wohlfahrt und des Besten des Landes stets angelegen sein lassen, daß wir die Verfassung des Großherzogtums hochhalten und beobachten, sowie auch dem Kaiser und Reich die von unseren Vorfahren erwiesene Treue bewahren werden".*

Die Pflichten des Regierens waren einem Manne zugefallen, der sich sicher noch gerne weiter in der Welt umgesehen und seinen wissenschaftlichen und künstlerischen Neigungen Rechnung getragen hätte. Die Zurüstung auf das ihm zufallende hohe Amt hatte Ernst Ludwigs bisheriges Leben bestimmt. Die Mutter, der er in seiner Feinfühligkeit, Gemütstiefe und Frömmigkeit, seiner Freude am Fortschritt und Tatkraft, nicht unähnlich war, hatte ihn nur die ersten zehn Lebensjahre begleiten können. Sie hat aber bei dem Sohn Grundlagen geschaffen, vor allem durch ihr Beispiel, auf denen er aufbauen konnte.

Der erforderlichen militärischen Ausbildung unterzog sich Ernst Ludwig in der für zukünftige hessische Regenten üblichen Weise: Mit 15 Jahren Ernennung zum Second-Leutnant à la suite, dann Zuordnung zur Leibkompanie des Leibgarderegiments 115. Das Offiziersexamen legte er 1888 in Berlin ab, gefolgt vom Dienst im 1. Garde-Regiment zu Fuß Potsdam. Daß auf diesem Feld nicht die besonderen Neigungen Ernst Ludwigs lagen, ist bekannt. Wenn das Wort erfunden sein sollte, so ist es doch gut nachempfunden, daß Kaiser Wilhelm II. einmal zu ihm gesagt haben soll: *„Du bist mir ein lieber Vetter, aber mein schlechtester Soldat"* (gemeint unter den regierenden Fürsten). Nur ungern zeigte sich Ernst Ludwig in Generaluniform, selbst im Kriege; er war ein Mann der Kunst und Wissenschaft, der seine besondere Aufgabe auf diesem Gebiet sah und dann auch wahrnahm, sehr zum Segen des ganzen Hessenlandes. Nicht ohne guten Grund hat Bundespräsident Theodor Heuss den Großherzog Ernst Ludwig den bedeutendsten der letzten regierenden deutschen Fürsten genannt.

Rückblickend auf die Studienzeit Ernst Ludwigs in Leipzig 1889–90 hat Graf Keßler geäußert: *„Der Erbgroßherzog hatte als Enkel der Königin Victoria viel von einem Engländer. Das Kneipen sagte ihm wenig zu, er liebte den Sport, tanzte* *vorzüglich, trug mit Eleganz den Frack, war überaus lustig, temperamentvoll, ja feurig, aber mit Grazie wie ein Vollblüter, und hatte im jungen Rudolf Binding einen einsichtigen und klugen Freund und Berater. Er war von allen deutschen Fürsten der, der am natürlichsten den Eindruck eines Europäers und Weltmannes machte."*

Ernst Ludwigs Schwägerin, Königin Maria von Rumänien (1875–1938), Schwester von Viktoria Melita, Ernst Ludwigs erster Gattin, äußerte sich ähnlich: *„Ernie war der denkbar lustigste Gesellschafter. Er sprühte nur so vor Lebensfreude. Ununterbrochen befand er sich in seelischer Spannung, in ihm kochte eine ewige Unrast. Er hatte das Temperament eines Künstlers. Ihn konnte alles freuen, und wenn es sich um lustige Unterhaltungen handelte, so war er unerschöpflich an witzigen Einfällen."*

Die Freundschaft zu dem Dichter Rudolf Binding (1867–1938) ist bis zur Stunde sichtbar in dem Gedicht, das er für die Sonnenuhr am Hochzeitsturm geschaffen hat:

„Der Tag geht über mein Gesicht, die Nacht sie tastet leis vorbei
Und Tag und Nacht ein Gleichgewicht und Nacht und Tag ein Einerlei.
Und ewig kreist die Schattenschrift, Leblang stehst du im dunklen Spiel
Bis dich des Spieles Deutung trifft: Die Zeit ist um, Du bist am Ziel."

Kaum war Ernst Ludwig zur Regierung gekommen, da erschien auch seine Großmutter, Queen Victoria aus England, um *„den Enkel das Regieren zu lehren"*, wie in der Biographie der Queen von Lady Longford zu lesen steht.

Das „Prinzeßchen" Elisabeth

Queen Victoria, die es gewohnt war, für ihre Kinder und Enkel die Ehepartner auszusuchen, wünschte, daß Ernst Ludwig seine Cousine, Viktoria Melita, Tochter des Bruders seiner Mutter, des Herzogs Alfred von Sachsen-Coburg-Gotha, Prinzen von Großbritannien (1844–1900), und der Maria Alexandrowna, Großfürstin von Rußland (1853–1920, sie war eine Tochter des Zaren Alexander II. und der Marie von Hessen, auch eine Schwester von Großfürst Sergius, der Ernst Ludwigs Schwester Elisabeth zur Frau hatte), heiratete. Man entsprach diesem Wunsch, und glanzvoll wurde die Hochzeit am 19. April 1894 in Schloß „Ehrenburg" in Coburg begangen. Bei dieser Hochzeit gab Queen Victoria die Verlobung des Zarewitsch Nikolaus (II.) mit des Großherzogs jüngster Schwester Alix bekannt.

Diese Ehe mit Melita (* Malta 25. 11. 1876, † Amorbach 2. 3. 1936) wurde 1901 geschieden. Sie scheiterte wohl daran, daß Melita sich nicht in die Aufgaben schicken konnte, die von ihr in einem so kleinen und traditionsgebundenen Hof als Landesmutter erwartet wurden. Queen Victoria äußerte schließlich: *„Das soll das letzte Mal gewesen sein, daß ich jemanden verheiratet habe."*

1905 heiratete Melita den Großfürsten Kyrill Wladimirowitsch (1876–1938), einen Vetter von Zar Nikolaus II. Eines ihrer drei Kinder aus zweiter Ehe ist Großfürstin Kira (1909–1967), Gemahlin von Prinz Louis Ferdinand von Preußen, des Chefs des Hauses Hohenzollern.

Der Ehe von Ernst Ludwig mit Melita entstammt eine Tochter Elisabeth, das frühverstorbene Prinzeßchen der Darmstädter. Geboren am 11. März 1895 starb sie am 16. November 1903 in Skiernewicz anläßlich eines Besuches mit ihrem Vater in Rußland. Woran sie starb, ist nie eindeutig geklärt worden. Das Grabmal – eine Engelsfigur mit ausgebreiteten Flügeln auf dem Grab auf der Rosenhöhe, ein Werk von Ludwig Habich –, das Denkmal nächst dem Südeingang im Herrngarten sowie das kleine Häuschen, das nach den Wünschen des Prinzeßchen von Olbrich im Park von Schloß Wolfsgarten errichtet ist, halten die Erinnerung an dieses frühvollendete Kind lebendig. Das Bild des Leichenzuges, bei dem der Sarg auf einem von sechs weißbehangenen Pferden gezogenen Wagen die obere Rheinstraße passiert, fehlt in kaum einem der Erinnerungsbände an das großherzogliche Darmstadt.

Am 2. Februar 1905 heiratete Ernst Ludwig Eleonore (* Lich 17. 9. 1871, † Steene bei Ostende 16. 11. 1937), Tochter des Fürsten Hermann zu Solms-Hohensolms-Lich und der Fürstin Agnes, geb. Gräfin zu Stolberg-Wernigerode. In ihr erhielt das Hessenland die vorbildliche Landesmutter, die neben der Fortführung der von ihrer Schwiegermutter Alice begonnenen karitativen Aufgaben auch ihrerseits neue Akzente in Darmstadt und darüber hinaus setzte. Den Hochzeitsturm, heute das Wahrzeichen unserer Stadt, schenkten die

Die Großherzogliche Familie 1910

Bürger Darmstadts dem Großherzoglichen Paar zur Vermählung. Joseph Maria Olbrich (1867–1908), der 1899 vom Großherzog berufene Wiener Architekt, das Haupt der Künstlerkolonie, hat lange Erwägungen angestellt, ehe er als architektonische Huldigung an das Fürstenpaar diesen Turm konzipierte. Man erzählt sich, daß des Großherzogen Rat an den sich nicht schlüssigen Architekten, aus den Fingern der mahnend erhobenen Hand eine Form zu finden, schließlich den Ausschlag gegeben hätte.

Der Ehe von Ernst Ludwig mit Eleonore entstammen die beiden Söhne Georg Donatus (8. 11. 1906–16. 11. 1937) und Ludwig (20. 11. 1908–30. 5. 1968). Die Geburt ihres ersten Sohnes war Anlaß zur „Ernst Ludwig und Eleonoren-Stiftung", die als „Großherzogliche Zentrale für Mütter- und Säuglingsfürsorge" sich der Pflege der Neugeborenen annahm mit dem Ziel, die Säuglingssterblichkeit zu verringern. In vielfältiger Weise entstanden neue Initiativen:

Pflegerinnen wurden ausgebildet („Eleonorenschwestern"), die Wöchnerinnen besuchten und berieten, sich Säuglingsausstattung schenken ließen, um sie an minderbemittelte Familien auszuteilen. Es wurden Mütterkurse eingerichtet, schließlich folgte im Jahre 1911 die Errichtung des „Eleonorenheims", eines Säuglings- und Kinderkrankenhauses, in dem gleichzeitig auch Säuglings- und Kinderkrankenschwestern ausgebildet wurden. Wenn wir heute diese und viele andere Krankenhaus-Einrichtungen in ihren wesentlich verbesserten Ausgaben in Anspruch nehmen, dann sollte man sich dankbar entsinnen, wie sehr immer wieder persönliche Initiative, der Wille, zu helfen, zu bessern, zu dienen, der Anfang gemeinnütziger Einrichtungen ist.

Großherzogin Eleonore übernahm 1912 den Vorsitz im Hessischen Alice-Frauenverein, der für die Alice-Schwesternschaft nicht nur am Alice-Hospital sondern auch in Mainz, Offenbach und Goddelau verantwortlich war. Diese Tätigkeit hat sie bis 1934 ausgeübt. Aber auch als durch staatlichen Eingriff der N.S.-Regierung Eleonore ihrer verantwortlichen Position verlustig ging, kündigte sie ihre Mitarbeit nicht auf.

Die Großherzogliche Familie während des Ersten Weltkrieges

Im Weltkrieg 1914–1918 erwuchsen ihr vielfältige neue Pflichten: Für die Zeit der Abwesenheit des Großherzogs an der Front hatte Eleonore die Regentschaft auszuüben. Die Sorge für Schwestern in den Lazaretten daheim und im Kriegsgebiet war ein weiteres Aufgabengebiet. Als „Schwester Marie" fuhr Eleonore gelegentlich selber mit dem von der Evangelischen Landeskirche zusammen mit dem Roten Kreuz erstellten Lazarettzug O 3 „Großherzogin von Hessen" in die Frontgebiete. In Schloß Wolfsgarten wurden verwundete Soldaten gepflegt, erholungsbedürftige Kinder fanden in den Schlössern Seeheim, Mönchbruch und Romrod Aufnahme, während des Krieges und auch noch danach.

Als Protektorin stand die Großherzogin lange Jahre dem Diakonissenhaus Elisabethenstift zu Diensten. Im „Verein Freundinnen junger Mädchen" war Großherzogin Eleonore ab 1920 die hessische, ab 1923, nach dem Tod der Fürstin Marie zu Erbach-Schönberg, auch die Nationalvorsitzende. Diese 1877 gegründete Vereinigung, die als „Verein für internationale Jugendarbeit" noch besteht, hatte es sich zur Aufgabe gesetzt, alleinstehenden Mädchen in der Fremde beizustehen, für sie Heime zu schaffen, in denen sie während ihrer Tätigkeit im Ausland wohnen können.

Aus all dem Gesagten wird deutlich, wie sehr Großherzogin Eleonore als Landesmutter mehr als ihre Pflicht getan hat, würdig ihrer Vorgängerin Großherzogin Alice.

Person und Regierungszeit des Großherzogs Ernst Ludwig lassen sich kaum besser würdigen, als mit seinen eigenen Worten, die im Treppenaufgang zur Ausstellungshalle auf der Mathildenhöhe eingraviert sind:

> „Habe Ehrfurcht vor dem Alten
> und Mut, das Neue frisch zu wagen.
> Bleib treu der eigenen Natur
> und treu den Menschen, die Du liebst."

Politisch ging Ernst Ludwig behutsam vor, beließ den Minister seines Vaters im Amt und bemühte sich, das Vertrauen der Volksvertretung und der Untertanen zu erwerben. *„Wenn ein Fürst jung ist, soll er keine Angst haben, denn Fehler wird er doch machen"*, meinte Ernst Ludwig, *„nur muß er aus jedem Fehler eine neue Lehre ziehen. Auf diese Art wird er mit der Zeit weiser. Denn der unweiseste Fürst ist der, der von seinen Fähigkeiten so überzeugt ist, daß er, durch sie gehindert, gute Ratschläge nicht ernst genug nimmt... Für jeden Untertanen muß der Fürst das gleiche Interesse haben, sei auch seine politische Anschauung die verkehrteste. Jeder glaubt doch, er hätte das beste Mittel gefunden, um den Staat zu verbessern.*

Solange es Menschen gibt, werden sie ihre Pläne haben. Aber nie darf der Fürst vergessen, daß es sein Volk ist, für das er lebt, also ist auch jeder Einzelne der Bestandteil des Volkes. Also sorge er für den Einzelnen wie für die Allgemeinheit."

Ernst Ludwig bewies diesen „Mut, das Neue frisch zu wagen" durch die Gründung der Künstlerkolonie. Durch Heirat mit der Tochter eines Darmstädter Tapetenhändlers kam der Kölner Kaufmann Alexander Koch nach Darmstadt. Er gründete 1888 seine „Tapeten-Zeitung" und wurde so Verleger. In seiner Verlagsanstalt Alexander Koch gab er ab 1890 die „Innen-Dekoration. Illustrierte kunstgewerbliche Zeitschrift für den gesamten inneren Ausbau" und ab 1897 die „Illustrierten Monatshefte zur Förderung deutscher Kunst und Formensprache: Deutsche Kunst und Dekoration" heraus, mit denen er durch das Vorstellen der Arbeiten junger deutscher Künstler seine kunstpolitischen Ziele verfolgte. Als Leiter einer „Freien Vereinigung Darmstädter Künstler" übernahm er Planung und Durchführung der „I. Darmstädter Kunstausstellung" 1898 auf privater Ebene. Zur Verwirklichung seiner Vorstellungen brauchte er Unterstützung, und so legte er im Frühjahr 1899 dem Großherzog, der Regierung, den Landständen und wichtigen Darmstädter Persönlichkeiten seine Denkschrift vor: Zur Belebung angewandter Kunst sollte ein „Künstlerheim" mit Ateliers eingerichtet, die Handwerker sollten mit den Werkstätten der Künstler in Verbindung gebracht und in das Land Muster und Aufträge verschickt werden. *„Nur wenige Monate vielleicht, und in München, Karlsruhe, Dresden oder Berlin wird eine solche Anstalt in dieser oder jener Form in's Leben treten, und dann ist es für Darmstadt zu spät."* Die Idee der Künstlerkolonie war geboren, und Großherzog Ernst Ludwig machte sich zu ihrem Förderer und verwirklichte sie. Sie war keine Institution, von Staat und Regierung unabhängig, ausschließlich vom Großherzog finanziert und unterstand auch nur ihm.

Auf den Rat von Alexander Koch gehen wohl noch die Berufungen der ursprünglichen Künstlergruppe zurück: Berufen wurden zum 1. Juli 1899 der Maler Hans Christiansen und der Kleinplastiker Rudolf Bosselt, beide hatten in Paris gearbeitet, der Dekorationsmaler Paul Bürck, der Darmstädter Bildhauer Ludwig Habich und der Kunstgewerbler und Innenarchitekt Patriz Huber, die in München tätig waren. Im September 1899 kamen noch der Maler und Kunstgewerbler Peter Behrens aus München und der Architekt Joseph Maria Olbrich aus Wien hinzu; der älteste Künstler war 32 Jahre alt, der jüngste 20. Im Porzellanschlößchen hatten sie ihr Atelier, bis mit dem Ernst-Ludwig-Haus bald das Atelierhaus geschaffen wurde. Den Grundstein hierzu weiht Ernst Ludwig

Die Eröffnung der Ausstellung der Künstlerkolonie zu Darmstadt am 15. Mai 1901:
Das Festspiel auf der Treppe zum Ernst-Ludwig-Haus

am 24. März 1900 mit den sehr bekannt gewordenen Worten: *„Mein Hessenland blühe und in ihm die Kunst."*

Olbrich beschrieb seine Bauaufgabe bei dem Atelierhaus so: *„Oben am höchsten Streif soll das Haus der Arbeit sich erheben; dort gilt gleichsam in einem Tempel die Arbeit als heiliger Gottesdienst. Acht große Ateliers mit kleinen Meister-Stuben, ein kleines Theater, Turn- und Fechtsäle, gastliche Räume, Douchen und Bäder sind in einem Langbau aufgenommen. Im abfallenden Gelände: die Wohnhäuser der Künstler, gleich einem friedlichen Ort, zu dem nach des Tages emsiger Arbeit von dem Tempel des Fleißes herabgestiegen wird, um den Künstler mit dem Menschen einzutauschen. Alle die Häuschen, um ein Forum gruppiert, mit eigenartig angelegten Wegen, Gärten, Beleuchtungskörpern, Brunnen und Blumenbeeten zur Einheit verbunden..."*

Am 28. November 1900 war das Atelierhaus so weit gediehen, daß das Sekretariat der Künstlergemeinschaft einziehen und die für das folgende Jahr geplante Ausstellung vorbereiten konnte. Eine besondere Einweihungsfeier erfolgte deshalb nicht. Auf der schmalen Stirnseite des Bogens am Ernst-Ludwig-Haus, das mit den Kolossalstatuen von Mann und Frau von Ludwig Habich

Die Eröffnung der Ausstellung der Künstlerkolonie zu Darmstadt am 15. Mai 1901:
Das Haus für Flächenkunst

und zwei Bronzefiguren von Rudolf Bosselt besonders markiert war, steht ein Wort von Hermann Bahr: „Seine Welt zeige der Künstler, die niemals war, noch jemals sein wird." Das war wie eine programmatische Erklärung, wenn auch etwas theoretischer als die Worte, die Olbrich über dem Ausstellungsgebäude der Wiener Secession 1898 angebracht hatte: „Der Zeit ihre Kunst, der Kunst ihre Freiheit."

Am 15. Mai 1901 wurde die Ausstellung eröffnet unter dem Titel: „Ein Dokument Deutscher Kunst" mit Architektur – Innen-Ausstattung – Malerei – Plastik – Gartenkunst. Geöffnet von 10 Uhr vormittags bis 11 Uhr abends. Täglich zwei große Konzerte des neuen philharmonischen Orchesters aus Wien. Großes modernes Restaurant (Table d'hôte 1 Uhr).

Außer dem „Forum", dem Atelierhaus und den beiden Häusern Christiansen und Olbrich gehörten noch folgende Bauten zur Ausstellung: ein Restaurant nebst Schaubude und Orchesterpavillon im Platanenhain, ein Blumenhaus dem Hause Behrens gegenüber, ein Spielhaus südlich des Prinz-Christians-Wegs (der damals noch Victoria-Melita-Weg hieß) sowie ein Eingangsportal in westlicher Verlängerung der Russischen Kapelle. Die genannten Bauwerke waren von

Olbrich und wie das Haus für Flächenkunst nur für die Zeit der Ausstellung bis Ende Oktober errichtet. Hören wir einen urteilsfähigen Besucher der Ausstellung, Alfred Lichtwark, Direktor der Hamburger Kunsthalle: *„Gestern nachmittag (11. 6. 1901) machte ich den ersten Besuch. Vom Eingangstor hatte ich schon gehört. Es sind zwei große Pylonen, auf die Wände hat der Maler P. Bürck zwei Friese gemalt, den Drang der Menschheit zur physischen und moralischen Schönheit verkörpernd. Niemand wird die Idee herauslesen. Aber alle Welt hat Anstoß an den mehr oder weniger entkleideten Jünglingen und Jungfrauen genommen, und der Bürgermeister von Darmstadt ist beim Großherzog vorstellig geworden. Die Bilder sind nicht so schlecht und nicht so gut, wie sie sein könnten, ein bißchen Böcklin, ein bißchen Hodler, große Gestalten im Vordergrund mit blumigen Wiesen und fernen Bergen, die nicht weit über die Knöchel schneiden. Mich hat am meisten eine Benachbarung belustigt, wie sie so leicht sich einstellt. Unter den beiden Friesen sind Schalter für Garderobe usw. angebracht. An der einen Seite tragen sie unterhalb des Frieses mit den nackten Figuren in weithin sichtbaren Lettern, daß man die Schrift auch auf die Bilder beziehen kann, die Bezeichnung: Garderobe – Garderobe – Polizei wie drei Schmerzensrufe.*

Auch einer der Künstler hat an seinem Hause und zwar in Glasmosaik zwei übermäßig nackte und überlebensgroße Figuren angebracht, die man wohl brutal nennen muß. Wenn schon, dann gibt es eine Rettung, die der höchsten Schönheit, Reinheit und Vollendung.

Beim ersten Gang traf ich Olbrich, den Schöpfer des Gesamtplans. Wir setzten uns zum Abendessen in den Platanenhain und hörten die Musik des Wiener Philharmonischen Orchesters. Der Platanenhain war vorhanden, ein weites, rechteckiges Plateau mit einem Dutzend Reihen von Platanen bepflanzt, von Büschen und Bäumen eingehegt, ein geschlossener Saal. An der einen Seite steht der Restaurationsbau, an der anderen der Musikpavillon. Die Beleuchtung war entzückend. Auf weißen Pfählen in etwas über Greifhöhe eines hochgewachsenen Mannes Krystallschalen mit Acetylenflammen. Das helle Licht schlägt von unten gegen die zierlichen hellgrünen Blätter der Platanen, deren Zweige den ganzen Sommer junge Blätter treiben. Zwischen den Massen der hellgrünen beblätterten Zweigen stand das Blau des Nachthimmels, sehr tief hinter dem lichtgrünen Laub, ein wunderbares Stück Farbe, ganz unstofflich, Farben mit Dimensionen in die Tiefe, also eigentlich ein Fleck tiefdunkelblauen Lichts. Das Ganze mit dem satten Rot der Tisch und Bänke und den pantherartig gefleckten Stämmen in langen Reihen, ein berückender Anblick.

Olbrich erzählte mir, was ich schon wußte, daß die Künstlerkolonie in sich heillos verzankt sei. Ein Presseartikel hat den Funken ins Pulverfaß geworfen. Schuld hat natürlich niemand. Es ist eben eine deutsche Notwendigkeit. Der Großherzog ist sehr ungehalten, kann aber nichts machen. Schließlich, was tuts? So oder so wird es sich lösen. Die eine Partei wird weichen. Andere werden einziehen, denn die Wohnhäuser und das Atelier stehen da und sind nicht aus der Welt zu schaffen, und die Anregung ist auch da und wird nicht verloren gehen.

Wie stark der Besuch ist, sieht man an dem finanziellen Ergebnis: im ersten Monat ist die Hälfte der Kosten gedeckt...“

Lichtwark wird auch vom Großherzog auf Schloß Wolfsgarten empfangen, er berichtete darüber: „*Ich bin ganz bezaubert von der jugendlichen Frische und Kühnheit und von der milden und menschlichen Denkungsart. Aus den Beobachtungen in Darmstadt hatte ich schon vor Jahren vor dem Geschmack und der Selbständigkeit des jungen Herrschers Respekt bekommen. Aber es ist doch etwas anderes, den unmittelbaren Eindruck der Persönlichkeit zu empfangen.*

Der Großherzog gibt sich keinerlei billigen Einbildungen hin, er ist gar nicht berauscht von seinem Erfolg und gar nicht blind verliebt in die Leistung. Kritik übt und verträgt er.

Man kann ihm alles sagen. Im Urteil über das Ganze und die Einzelheiten stimmen wir fast in jedem Punkt überein. Es ist rührend, wie er sich mit der Persönlichkeit der Künstler beschäftigt, wie er gelten läßt, was Zukunft verspricht und unumwunden das Manko betont. Seine Mitarbeit beschränkt sich keineswegs auf's Gewährenlassen. Er hat und gibt Ideen und arbeitet wirklich mit seinen Künstlern, ohne sie zu hemmen. Er ist jung und versteht die Jugend, und er wird durch Verfehltes und Mißlungenes nicht erkältet. Wie es dem Herrscher ziemt, geht er aufs Ganze... Was er über unsere Zustände sagt, traf immer den Nagel auf den Kopf und deckte sich mit dem, was in Deutschland die empfinden, die voran wollen...

Nach dem Gespräch mit dem Großherzog hätte ich die Ausstellung gern noch einmal gesehen, auch dafür blieb keine Zeit. Sie ist auf alle Fälle eins der amüsantesten Experimente unserer Zeit. Als etwas anderes sieht es der Großherzog selber nicht an. Auch er ist sich klar, daß zunächst das Fremde nach Darmstadt gezogen ist, mit Olbrich aus Wien der dort entwickelte Secessionsstil, mit Christiansen allerlei Pariserisches, mit Behrens auch ein bißchen Hamburgisches. Das Bodenwüchsige fehlt ganz. Hessen, im besonderen Darmstadt, hat keinerlei Gedanken für die künstlerische Ausgestaltung beigetragen. Wie weit es in den kleinen Städten und Dörfern vorhanden ist, weiß ich nicht, aber in Darmstadt steckt Vieles. Die nächste Aufgabe scheint mir nun, dies zu finden und zu gestalten.“

Höchstes Lob und herbsten Spott löste die Ausstellung aus: man spricht von dem „*Beginn einer neuen Ära für die angewandte Kunst“* wie auch von „*Spuren einer Geisteskrankheit und eines Stigma des Unvernünftigen“,* jedenfalls wird die

Ausstellung ein „*Dokument, ein großartiger und ganz konkreter Versuch, ein Stück neugestalteter und bewohnbarer Wirklichkeit zukunftsweisend hinzustellen*" (F. Ahlers-Hestermann).

Die Hauptlast der Planung und Durchführung der ersten Ausstellung lag bei Joseph Maria Olbrich, der bis zu seinem frühen Tod (1908) der führende Mann der Künstlerkolonie gewesen ist und auch Darmstadt die Treue gehalten hat. Er besaß das uneingeschränkte Vertrauen des fürstlichen Mäzen, was bei Hofleuten und Künstlern Neid hervorrief. So ist es nicht verwunderlich, daß bald in der Künstlergemeinschaft Veränderungen eintreten: Behrens und Bosselt gehen nach Düsseldorf, Bürck nach Magdeburg, Christiansen nach Paris und Huber nach Berlin (1902/03). Ihre Plätze nehmen neue Künstler ein, der Maler und Graphiker Johann Vincenz Cissarz, der Innenarchitekt und Kunstgewerbler Paul Haustein und der Bildhauer Daniel Greiner. Sie gestalten unter Olbrichs Gesamtleitung eine zweite Ausstellung im Jahre 1904.

Sie bestand, wie es im Katalogvorwort zur Ausstellung 1914 hieß, „*aus der von Olbrich an der Ecke von Prinz-Christians-Weg und Stiftsstraße erbauten, höchst originellen und geschmackvollen Dreihäusergruppe, die noch heute zeigt, wie sehr dieser Bahnbrecher im Gebiet der angewandten Kunst seit 1901 ausgereift war*".

Die von reizvollen Gärten umgebenen, von den Bildhauern der Kolonie mit plastischem Schmuck versehenen Bauten enthielten eine Fülle von Olbrich, Cissarz und Haustein geschaffener ausgezeichneter Innenausstattung. Im Hauptgeschoß des Ernst-Ludwig-Hauses wurden repräsentative Räume gezeigt. Die von Olbrich reizvoll ausgebaute Mittelhalle war mit Gemälden, Plastik und graphischen Arbeiten der Koloniemitglieder ausgestattet. Das Ausstellungsrestaurant unter den Buchen mit seinen fünf monumentalen Pavillons und einer ausgedehnten Parkanlage war eine prachtvolle Leistung Meister Olbrichs.

Wenn auch diese Ausstellung an Umfang beträchtlich hinter der des Jahres 1901 zurückstand, so erfüllte sie doch vollkommen ihren Zweck. Sie zeigte, daß die Kolonie keineswegs einem frühen Ende verfallen war, daß sie lebte und an der Vorwärtsentwicklung der modernen angewandten Kunst glänzenden Anteil nahm. So fand sie denn in weiten Kreisen Beachtung und die verdiente Anerkennung. Die geschäftliche Leitung hatte in der Hand des Großherzoglichen Kabinetts gelegen. Ein Garantiefonds war nicht gebildet worden. Das finanzielle Ergebnis bestand in einem ansehnlichen Überschuß.

Nachdem die Künstlergemeinschaft 1905/06 abermals eine Umbesetzung erfahren hatte – für die ausscheidenden Mitglieder Haustein, Habich, Cissarz und Greiner wurden der Architekt Albin Müller, der Maler und Zeichner Friedrich Wilhelm Kleukens, der Bildhauer Heinrich Jobst und der Gold-

schmied Ernst Riegel neu berufen –, ging man an die Vorbereitung einer neuen Ausstellung, die am 23. Mai 1908 eröffnete „Hessische Landesausstellung für freie und angewandte Kunst". Sie wurde gekrönt mit der Einweihung des Hochzeitsturms und des Ausstellungsgebäudes, Olbrichs bedeutendstem architektonischen Werk. *„Die Kunst aus den Museen und Galerien herauszuholen und auch dem Minderbegüterten zu einem, wenn auch einfach, doch geschmackvoll ausgestatteten Heim zu helfen ist das schönste Ziel, das Eure Königliche Hoheit verfolgen und dem wir heute wieder einen Schritt nähergekommn sind"*, mit diesen Worten charakterisierte Staatsminister Dr. Ewald den Zweck der Ausstellung. Der Großherzog erwiderte: *„Die Geschmacklosigkeit, die Unechtheit in Form und Material, die sich noch um die Jahrhundertwende in Architektur und angewandter Kunst breitmachte, muß immer mehr einer Schönheit weichen, die aus Wahrheit und Zweckmäßigkeit hervorwächst... Möge diese Ausstellung der hessischen Künstlerschaft die verdiente Anerkennung bringen, möge ihr aber das Gefühl des Könnens und Gelingens auch ein Ansporn sein zu jugendfrischem Weiterstreben nach den Höhen der Kunst, die die schönste Blüte eines Volkes ist. In diesem Sinne rufe ich heute, wie vor acht Jahren bei der Grundsteinlegung des Ernst Ludwig-Hauses: Mein Hessenland blühe und in ihm die Kunst!"*
Diese große Ausstellung der Künstlerkolonie im Jahre 1908 ist als ein Höhepunkt des von der Künstlergemeinschaft beschrittenen Weges anzusehen. *„Die Kollektivausstellung des Ernst Ludwig-Vereins, Hessischen Zentralvereins für Errichtung billiger Wohnungen in Darmstadt, bringt diejenigen Bestrebungen zur praktischen Veranschaulichung, die man unter der Bezeichnung Kleinwohnkunst zusammenfassen kann...*
Zweck des Unternehmens ist die Lieferung des praktischen Nachweises, daß auch beim Bau kleiner Häuser und deren Einrichtungen künstlerischem Empfinden ohne besondere Kosten Rechnung getragen werden kann; gleichzeitig soll es zur weiteren Ausbreitung der Wohnungsfürsorgebestrebungen beitragen. Die Kosten müssen für weniger bemittelte Personen erschwinglich sein und deshalb dürfen die Baukosten für das Einfamilienhaus höchstens viertausend Mark, für das Zweifamilienhaus höchstens siebentausendzweihundert Mark betragen ... die Herstellungskosten für das gesamte Inventar dürfen tausend Mark nicht überschreiten.
Die Hersteller der Möbel sind verpflichtet, zu den von ihnen zu bezeichnenden und in den Häusern aufzulegenden Einheitspreisen jede in der Ausstellung etwa gemachte Bestellung auszuführen.
Die Anlage erhebt mithin sowohl vom sozialen als auch vom volkswirtschaftlichen und künstlerischen Standpunkt aus Anspruch auf besondere Beachtung.
Der Vorstand des genannten Vereins wurde in der Durchführung des Programms

unterstützt von sechs hessischen Großindustriellen, die die Kosten für die Erbauung und völlige wohnliche Einrichtung je eines Hauses bereitgestellt haben" (Katalog 1908).

Bei der Ausstellung 1908 wurde deutlich, daß es nicht allein darum ging, dem „Auseinanderfallen von Geist, Kunst und Leben durch eine Neuverknüpfung zu begegnen", sondern durch die Verbindung von Kunst und Handwerk jedermann erschwingliche, stilvolle Wohnungen beispielhaft anzubieten. Dabei ging es dem fürstlichen Mäzen nicht nur darum, daß die Kunst, sondern das Hessenland blühe. *„Für ihn war"*, wie Prinz Ludwig feststellt, *„seine Künstlerkolonie eben nicht, wie wohl für die meisten Mitglieder, Selbstzweck, sondern Mittel zu einem allgemeinen Zweck: dem Aufblühen des Landes."*

Ein schwerer Verlust war der unerwartete Tod Olbrichs am 8. August 1908. Er war der überragende Führer der Künstlerkolonie, der geniale Geist, der Initiator aller künstlerischen Bestrebungen, der rechte Partner des kongenialen Großherzogs. *„Der größte von allen blieb Olbrich"*, schrieb Ernst Ludwig im Rückblick, *„... Er kam sofort auf meinen Ruf ... aber wir beiden fingen sofort Feuer. Meine Gedanken begeisterten ihn und mir war er von vornherein äußerst sympathisch. Dabei fühlte ich, daß dem deutschen Geist etwas mehr Leichtigkeit und Geschmack von Nöten war und daß diese Feinheit in Olbrichs Natur lag. Wir wurden bald richtige Freunde und besprachen aber auch alles zusammen. Jede Idee, die er hatte, und jeden Plan, den er aufzeichnete, bearbeiteten wir gemeinsam und wenn er zu himmelstürmend war, konnte ich ihm immer die Notwendigkeit und die Realität entgegenstellen, die er auch gleich begriff. Vielen meiner Träume half er zur Realisierung und viele kleine Wünsche erfüllte er mit größter Geschwindigkeit. Ich war ja auch jung und konnte deshalb so gut mit Begeisterung alles Stürmen dieser jungen Geister mitmachen und mit ihren Arbeiten mitgehen. Es war eine ganz herrliche Zeit, denn sie bestand immer aus Kampf, um unsere Zukunftsideale durchzusetzen. Wir stießen ja oft mit den Alten und Rückständigen zusammen und man hatte oft gegen kleinliche Intrigen anzukämpfen. Dafür war ja meine Stellung gut, denn ich konnte den Künstlern helfen, wo sie allein nicht durchgedrungen wären..."*

Und Olbrich äußerte sich kurz vor seinem Tode: *„... Schönheit um jeden Preis, die künstlerische Grundforderung wollte ich wieder aus den Kammern der Vergessenheit zum Leitstern erhoben wissen. Und wo konnte ich da besser und nachdrücklicher einsetzen, als bei der bildenden Kunst? Da kam der Ruf des Großherzogs von Darmstadt. Wie freudig schnürte ich mein Bündel und fuhr gen Darmstadt, ich hatte das Gefühl, daß hier unter Fürstengunst und -huld ich das verwirklichen werde, was ich mir zum Lebensziel gesteckt habe: Die Bildende Kunst aus dem Dornröschenschlaf wecken zu können zu neuem Leben... Trotz*

Verkennung und Schmähung, die selbst die Künstler der Mathildenhöhe wankend und untreu machten, ist der 1901 gesäte Samen aufgegangen und hat, wenn auch nicht tausendfältige, so doch hundertfältige Frucht heute schon gebracht... Nehmen Sie als letzte Worte meiner Künstlerbeichte das Bekenntnis mit, daß der Großherzog und ich von dem Grundgedanken allezeit ausgegangen sind, Kunstbegeisterung muß in die große Masse des Volkes getragen werden, vom Volke muß Kunstbegeisterung ausgehen; das kann nur geschehen, wenn im Heim plumpe Alltäglichkeit verschwindet und von allem und jedem, was den Menschen in seinen vier Wänden umgibt, ein künstlerischer Hauch ausgeht. Dann erzieht

*Die Mathildenhöhe
mit Hochzeitsturm,
Ausstellungshallen,
Russischer Kapelle
und Brunnenbecken*

141

man das Volk von selbst zur Kunst. Ein Volk aber, das kunstliebend ist von Haus aus, strebt wieder Idealen zu..."

Die Stelle, die durch Olbrichs Tod frei wird, übernahm Albin Müller. Er und Bernhard Hoetger bestimmten das Bild der letzten Ausstellung, die am 16. Mai 1914 eröffnet wurde. Im Jahre 1911 waren neu berufen worden der Maler Hanns Pellar, der Bildhauer Bernhard Hoetger, die Architekten Emanuel Margold und Edmund Körner, 1912/13 der Goldschmied Theodor Wende und der Maler Fritz Osswald.

Gemeinschaftsarbeit von Albin Müller und Hoetger ist der Haupteingang zum Ausstellungsgelände, das Löwenportal – sechs steinerne Löwen auf Doppelsäulen und aus Kupfer getriebene Reiterreliefs auf den Türen (die Säulen bilden heute den Eingang zum Hochschulstadion, die Löwen stehen auf Klinkerpfeilern und bilden mit den wieder angebrachten Türen das Löwentor zum Park Rosenhöhe). Von Albinmüller – wie er sich später mit Künstlernamen nannte – stammt das Brunnenbecken vor der Russischen Kapelle, das diesen Baukörper nun in die übrige Mathildenhöhe integriert, und der Schwanentempel als verbindendes Element zum Forum von 1901. Der Platanenhain wird durch Hoetgers Plastiken bereichert. *„In diesem Bezirk verwirklichen vier große Reliefs (Frühling, Sommer, Schlaf und Auferstehung), eine Brunnengruppe, sieben Krugträgerinnen und ein großes Denkmal (Mutter und Kind; Variante des Grabmals für Paula Modersohn-Becker) ein plastisches Programm: Werden und Vergehen in der Natur unter dem Symbol des Wassers." „Als nordöstlicher Abschluß der Mathildenhöhe entsteht eine Mietshausgruppe, deren hakenförmiger Verlauf heute nur noch zu ahnen ist, die man sich aber gleichwohl als Faktum vergegenwärtigen muß, will man die klare Stoßrichtung der Ausstellung: Künstlerhaus – Arbeiter-Einfamilienhaus – Reihenmietshaus richtig verstehen"* (J. Roether, H. G. Sperlich).

Der Großherzog hat sich selber die Frage gestellt, was er mit der Künstlerkolonie bezwecken wollte und was er erreicht hat: *„Ich gründete die Künstlerkolonie in dem Gedanken, daß in damaliger Zeit (in der ein selbständiger junger Künstler keine Möglichkeit hatte, sich frei zu entfalten) junge Künstler frei schalten und walten sollten, um auf freien Fuß zu gelangen. Ich sagte ihnen immer: ‚Ihr seid niemandem verantwortlich, außer der Menschheit, und die wird später erst sagen, was gut an Euren Gedanken ist. Also frisch drauf los und Mut, dazu reine Farben und klare Formen.'*

Es heißt Künstlerkolonie, weil jeder gehen kann, wann er will, und ich kann seinen Kontrakt lösen, wann ich will. Es ist kein Verein, trotzdem glauben immer Außenstehende, wenn Künstler gehen, ginge es schlecht mit der Künstlerkolonie. Das ist ganz falsch" (1917).

Kurz vor seinem Tode äußerte Ernst Ludwig: *„Wenn ich jetzt die Gebäude sehe und vieles so ganz anders und verlassen, kommt ein Gefühl der Wehmut über mich und oft der Gedanke, wieviel war alles dies ein Anstoß? Wieviel hat es unserem Kunstgefühl und unserem Volk genützt? Aber als Trost muß ich daran denken, wie ich ihnen Allen immer sagte: später erst wird man unsere Tat beurteilen können, denn nur durch die Zeit bekommt man klare Augen."*

Prinz Ludwig zieht in seinem Vortrag: „Die Darmstädter Künstlerkolonie und ihr Gründer Großherzog Ernst Ludwig" 1950 dies Resümee: *„Ein schönes Beispiel bleibt durch das Zusammenholen originaler Begabungen aus allen Gegenden durch Schaffung besonders freier Wirkungs- und Lebensmöglichkeiten, Begabungen, die auch durch ihre Ausstellungen auf immer breitere Kreise befruchtend wirkten. Vorbild bleibt auch der klare Wille dieser Menschen, zunächst herauszufinden aus einer Epoche der Verlogenheit und des Besitzmaterialismus zu einem neuen, von höheren Werten bestimmten Lebensstil, und alsdann die Wendung vom Ichkult der Anfänge zum Gefühl der sozialen Verantwortung, vom ästhetisch bestimmten Künstlerheim zur Arbeiterwohnung und zum großstädtischen Mietshaus. Und daß diese bedeutsame Entwicklung am Beispiel Darmstadts so deutlich abzulesen war, verdanken wir unserer Künstlerkolonie und ihrem Gründer."*

Aus der Künstlerkolonie ging auch die Ernst-Ludwig-Presse hervor. Friedrich Wilhelm Kleukens folgte bald sein jüngerer Bruder, der Drucker und Typograph Christian Heinrich Kleukens. Die Absicht der Brüder, nach dem Vorbild der englischen Doves Press eine Privatpresse zu gründen, um den neuen Formwillen auch auf die Buchgestaltung zu übertragen, entsprach den Bestrebungen des Großherzogs, so daß am 11. Oktober 1907 die Ernst-Ludwig-Presse als eine der ersten – der einzigen fürstlichen – Privatpressen in Deutschland gegründet werden konnte. Die im Ernst-Ludwig-Haus eingerichtete Werkstätte begann mit Drucksachen für den großherzoglichen Hof, doch folgte noch im gleichen Jahr „Das Buch Esther. Übersetzt von D. Martin Luther", das „1. Buch der Ernst Ludwig-Presse". Hans Karl Stürz zählt in seinem Katalog der Ausstellung, die er „Zum 65. Jahre ihrer Gründung" 1972 im Ernst-Ludwig-Haus zusammengestellt hat, ohne Akzidenzen 114 Drucke, die mit Unterbrechungen bis 1944 für verschiedene Auftraggeber hergestellt wurden, und stellt rückblickend fest: *„Ihre Leistung für die typographische Buchgestalt unseres Jahrhunderts hat einen dauernden Platz in der Geschichte der deutschen Buchkunst. Freunde des schönen Buches und der Druckkunst, die Ernst Ludwig-Pressedrucke besitzen, zählen sie zu ihren kostbarsten Schätzen."*

Die Gründung und Entwicklung der Künstlerkolonie hat diese breite Darstellung gefunden, weil hier das außergewöhnliche Verdienst des letzten Großherzogs liegt und demonstriert worden ist, was er mit seinem Wort: „Mut, das Neue frisch zu wagen" gemeint hat. Freilich darin erschöpfte sich seine Regententätigkeit keineswegs.

„*Kein Fürst darf nur eine einzige Passion haben (wie z. B. Jagd, Kunst, Pferde, Landwirtschaft, Musik etc.)*", so hat er es wohl in Kenntnis seiner Neigungen sich selbst ins Stammbuch geschrieben, „*denn zu schnell wird er einseitig. Er muß sich zwingen, eine Passion so weit zu unterdrücken, daß er für die anderen Sachen auch Zeit findet, um sie auszuüben.*"

Hessen bestand nicht nur aus Darmstadt; da waren die großen Städte Mainz und Worms und Offenbach mit ihren aufstrebenden Industriebetrieben, da war Rüsselsheim mit seiner Autofabrik Opel, so blieb keine andere Wahl, als sich den Forderungen der Industrialisierung zu stellen. „*Immer muß der Fürst alle Möglichkeiten der Zukunft im Auge haben, damit er als erster immer bereit ist, in einer neuen Frage mitzuhelfen, wenn sie seinem Volke zum Nutzen sein könnte*", äußerte sich Ernst Ludwig 1908, „*. . . wir sind eben am Anfang der großen Umwälzungen und wenn wir nicht führend mitgehen, werden wir in kommenden Jahren als veraltet und rückständig übergangen werden.*"

So wurde aus den Forderungen des Landes Ernst Ludwig zum dauernden Anreger auf allen Gebieten des öffentlichen Lebens, ob es sich um Mütter- und Säuglingsfürsorge handelte, oder um das Staatsbad Bad Nauheim, das die Gestaltung seines Sprudelhofs mit den Kolonaden und den Badehäusern im Jugendstil ihm ganz wesentlich verdankt. Deshalb trägt auch der 1899/1900 erbohrte Sprudel den Namen des Großherzogs. Der Verbesserung des Weinbaus, der Errichtung einer Weinbauschule, dem Ausbau der Straßen und dem Bau von Arbeitersiedlungen galt seine Sorge nicht weniger.

Zu den Pflichten des Regenten gehörte auch die Ausübung der Befugnisse des „Summus episcopus", des Landesbischofs in der Evangelischen Kirche. Während hinsichtlich der Katholischen Kirche es um die Loyalität des Mainzer Bischofs ging, die dieser nach Amtsantritt zu erklären hatte, waren die Pflichten für die Evangelische Kirche erheblich. Die Bestallungsurkunden für Pfarrer wurden vom Regenten unterzeichnet und waren gelegentlich auch in Audienz in Empfang zu nehmen. Bei hohen kirchlichen Festen und Kircheinweihungen war der Fürst ein willkommener Gast, der dann auch mit Stiftungen nicht kleinlich war. Durch das Großherzogliche Oberkonsistorium wurde die Kirche geleitet; der Fürst respektierte dessen Zuständigkeit.

„*Einen in der Religion freidenkenden Fürsten, der ein rechtschaffener Mann ist und sein Volk glücklich zu machen versucht, liebt man mehr als einen, der orthodox ist und einen kleinlichen Charakter hat*", nach diesem Motto verfuhr Ernst Ludwig in großer Freizügigkeit, auch Toleranz gegenüber anderen

Religionen und Philosophien. Bei einer anglikanischen Mutter und zwei russisch-orthodox gewordenen Schwestern und den vielseitigen geistigen Interessen lag es nahe, den Philosophen Graf Hermann Keyserling mit seiner „Schule der Weisheit" 1920 nach Darmstadt einzuladen, dazu den großen indischen Weisen Rabindranath Tagore. Hier wurden Gespräche geführt und Erörterungen vorweggenommen, die heute, wo die Welt so klein geworden und die Weltreligionen und Weltanschauungen den Dialog neu und vertieft führen müssen, nichts Außergewöhnliches mehr sind. In seinem letzten Hofmarschall, Graf Kuno von Hardenberg (1871–1938), stand dem Großherzog ein Mann zur Seite, der durch seine vielen Weltreisen große Kenntnisse indischer und asiatischer Kultur und Religion einzubringen hatte. Nicht nur auf diesem Sektor, sondern auch als Pfleger der Kunstschätze und Mitgestalter der verschiedenen Museen, des Schloß-, Jagd- und Porzellanmuseums hat sich Graf Hardenberg um das kulturelle Leben Darmstadts sehr verdient gemacht.

Auch das Hoftheater und das musikalische Leben wurde von Ernst Ludwig sehr gefördert. Willem de Haan (1849–1930), der als Dirigent des Mozartvereins 1875 nach Darmstadt kam (bis 1886) und dann durch dreiunddreißig Jahre hindurch der Hofkapellmeister war (1881-1914), war, wenn man es so sagen darf, des Großherzogs musikalischer Mentor. Er war der Musiklehrer für Ernst Ludwig und seine Geschwister; er weckte in ihm die Liebe zu Richard Wagners Musik; er war der Berater auch seiner kompositorischen Bemühungen, denn es existieren kleinere Werke von Ernst Ludwig, kostbar gedruckt und gebunden, in wenigen Exemplaren signiert und dediziert. De Haan schrieb die festliche Musik zur Eröffnung der ersten Ausstellung 1901, die, mit meditativen Betrachtungen verknüpft, ein sehr zwiespältiges Echo fand. Neben vielfältigen Kompositionen schrieb de Haan auch die Musik zu Ernst Ludwigs Weihnachtsdichtung „Bonifacius", die am 19. Dezember 1909 uraufgeführt wurde. Als weiteres Werk von Ernst Ludwig entstand sein Mysterium „Ostern", das am Karfreitag 1922 im deutschen Schauspielhaus zu Hamburg unter Dr. Paul Eger zur Aufführung kam. Hier schrieb sich Ernst Ludwig das große Leid von der Seele, das ihm vor allem im Tod seiner Geschwister in Rußland widerfahren war.

> „Ich habe eine singende Seele,
> und wie ein Vogel im Käfig
> singt sie ihr Lied.
> Es schluchzt und lacht, es zittert und weint
> vor unendlichem Glück, vor unendlichem Weh."

So heißt es in einem selbst komponierten Lied. Ernster, notvoller lauten diese Verse von 1917:

WEINE OH SEELE

Weine, oh Seele,
Winde dich Herz,
es weiß ja keiner.
Wenn man erriete,
was du erduldet,
glaubte es keiner.
Weil du die Menschheit
hilflos erkannt,
liebst du wie keiner.

Es klingt wie eine Vorahnung dessen, was 1937 seine Familie traf, wenn Ernst Ludwig dichtete:

SCHICKSAL

In dein Leben
aus schwerem Gewölk
greift eine Hand.
Zuckend vor Weh
krümmt sich dein Herz
und wartet.
Eiskalt rieselt es wie eine Welle
in die ersterbenden Glieder.
Nur noch gewaltsam
atmet der Leib;
bis du erwacht
mit trocknem Gesicht
dein zerbrochenes Leben weiterschleppst,
weiter, wohin?
Doch es sei!

Ernst Ludwigs Theaterleidenschaft steigerte sich besonders, nachdem er den Wiener Paul Eger zum Intendanten berufen hatte. Max Wauer spricht von einer „Art Sturm und Drangzeit", die über das bisher gar zu vorsichtig geleitete Hoftheater kam, und daß Eger die Provinzbühne zu einem der führenden Theater Deutschlands gemacht habe. Die Frühlingsfestspiele des Jahres 1913, in dem die Schutzfrist für Wagneropern ablief, brachten den „Tristan" unter Arthur Nikisch, den „Ring der Nibelungen" unter Leo Blech und Bruno Walter und die „Meistersinger" unter Blech in einer Spielzeit. Viele Künstler sind, von Darmstadt kommend, zu höchstem Ruhm aufgestiegen: Josef Mann, Gertrud Geyersbach, Leo Schützendorf, Erich Kleiber.

Zum 25jährigen Regierungsjubiläum Ernst Ludwigs im Kriegsjahre 1917 – damals erhielt die Residenz Darmstadt zum Wappen die Krone des Fürsten, an der auch die republikanischen Darmstädter auf ausdrücklichen Beschluß festhielten – erschienen die vier prominentesten Bühnen zu huldigendem Gastspiel: am 6. März die Dresdener Hofoper mit „Tristan" unter Hermann Kutzschbach, am 16. März die Wiener Hofoper unter Bernhard Tittel mit „Martha", am 21. März die Münchner Hofoper unter Bruno Walter mit der „Entführung aus dem Serail" und am 31. März die Berliner Hofoper unter Leo Blech mit „Ein Maskenball".

Selbst Gastspielreisen der Oper zu den Soldaten nach Brüssel, Bukarest und mehreren Orten in Frankreich wurden durchgeführt.

Vicki Baum beschreibt, wie sie 1913 als Harfenistin vor dem Großherzog vorspielte und sofort engagiert wurde: *„Im März fuhr ich nach Darmstadt, zunächst nur, um vor den Gewaltigen der Oper vorzuspielen. Natürlich mußte meine Wahl auch vom Großherzog gebilligt werden. Zu diesem Zweck wurde ich zu einem Solo bei einem der seltenen Empfänge im Schloß eingeladen. Das war nicht das Neue Palais mit den Gehsteigmosaiken, wo die großherzogliche Familie wohnte, sondern das burgartige alte Schloß mit der großen Empfangshalle und dem nur bei hochoffiziellen Anlässen benutzten Blauen Saal, wo unter einem reichverzierten samtenen Thronhimmel der an den Ecken mit Straußenfedern geschmückte Thron stand. Der in Geschmacks- und Stilfragen unbeirrbar feinfühlige Großherzog ließ im Schloß nur Kerzenbeleuchtung zu. So brannten auf Kronleuchtern und Wandarmen unzählige Kerzen, ihr weicher Schimmer brach sich regenbogenbunt und strahlte hundertfach aus den kleinen Wandspiegeln zurück.*

Ich kam beim Großherzog sofort gut an, allerdings ohne mein Verdienst. Er hatte sich wohl gesagt, daß eine junge Harfenistin besser in den Rahmen der Veranstaltung passe als ein Streichquartett angejahrter Hof- und Kammermusiker in durchgewetzten, speckigen alten Fräcken. Ganz entzückt war er von einem

Kleid, das ich, ohne mir etwas dabei zu denken, eingepackt hatte. Er hatte mich nachmittags zu einer Art Probe ins Schloß gebeten und schwelgte in Regievorstellungen; wo ich mit der Harfe placiert und wie ich beleuchtet werden sollte, und, wenn es mir nichts ausmachte und ich die Zumutung vergeben wolle, ob ich ihm vielleicht das Kleid zeigen würde, das ich für den Abend vorgesehen hätte, dann könne er mich gegen einen damit harmonisierenden Hintergrund setzen, notfalls einen Paravent, wissen Sie... Rein zufällig hatte ich das Ballkleid meiner Großmutter mütterlicherseits mitgebracht, echtes Biedermeier, wie man es sonst nur noch in Museen sieht, gestreifte Seide mit Rosengirlanden in unverschämten rosa und grünen Tönen. Der Großherzog war hingerissen, nicht von mir als Künstlerin, noch weniger von mir als Frau, sondern einzig und allein von dem Kleid. Den ganzen Nachmittag schleppte er meine Harfe von einer Stelle zur anderen und arrangierte und arrangierte, in Hemdsärmeln, lachend und scherzend, die unköniglichste königliche Hoheit, die man sich denken kann... Dank Großmutters Kleid bekam ich sofort den begehrten Titel einer Großherzoglichen Hof- und Kammermusikerin ..."

Der Großherzog, der seit Egers Tätigkeit nicht nur fast allabendlich in der Hofloge erschien, sondern auch „auf leisen Sohlen bei den Proben", Bühnenbilder entwarf und Kostüme, war regelmäßiger Gast in Bayreuth. Seit seiner Bitte an Max Reger, für das erste internationale Kammermusikfest 1908 in Darmstadt ein neues Werk zu schreiben, verband ihn eine enge Freundschaft mit dem Komponisten. Reger kam mehrmals, auch mit seiner Meininger Hofkapelle, nach Darmstadt, dirigierte selbst seinen 100. Psalm, sein Tod war für den Großherzog ein schwerer Verlust. Daß Pfitzners „Armer Heinrich" in Mainz auf die Bühne kam, verdankt dieser ebenfalls der Fürsprache von Ernst Ludwig.

„Mut, das Neue frisch zu wagen", bewies der Großherzog auf vielfältige Weise, aber „die Ehrfurcht vor dem Alten" bestimmte ihn nicht weniger. Das bedeutendste Dokument hierfür ist das Landesmuseum. Die Planung war schon abgeschlossen, als der Großherzog um seine Meinung gefragt wurde. *„Alle* (Pläne und Entwürfe) *waren häßlich außer dem von Thiersch. Dieser war aber zu teuer und protzig (Zwinger, Dresden). Verschiedene waren prämiiert, und den ersten Preis erhielt der Entwurf eines Regierungsbaumeisters (ein gefühlloser, häßlicher Kasten). Kein Hesse war dabei.*

Ich sollte nun mitbestimmen und war doch der Überzeugung, daß alle eine Verschandelung der Stadt und eine Blamage für die Regierung wären. Harte Kämpfe hatte ich, bis ich Staatsminister Finger sagte, ich würde einen Baumeister selber wählen und ihm meine Gedanken erklären. Nur eines wünschte ich, daß, wenn die Pläne gefielen, und dabei billiger wären als die anderen, sie von der Regierung angekauft würden, sonst würde ich sie selber bezahlen. Excellenz

Finger konnte nicht nein sagen. Er verließ mich ziemlich aufgeregt und ließ dabei die Tür offen, sodaß ich genau hören konnte, wie er draußen zu den anderen Herrn sagte: ‚Mit dem Großherzog ist nichts anzufangen, er steckt voller Utopien'!"

Nun ließ ich Messel (Alfred Messel, * Darmstadt 1853, † Berlin 1909, berühmt geworden durch sein auf der Leipziger Straße in Berlin erbautes Warenhaus Wertheim), *einen Hessen, kommen, an den damals noch niemand dachte. Ich erklärte ihm, er solle die Sammlungen genau studieren, denn aus den Sammlungen heraus würden sich erst die einzelnen Raumverhältnisse ergeben. Dann müsse man die Pläne zeichnen, wie die Räume sich aneinander gliedern sollten, und zuletzt käme erst die äußere Architektur. Er verstand mich vollkommen. So entstand das jetzige Landesmuseum."*

In seinem Aufbau und der Anordnung der verschiedenen Disziplinen, Kunst- und Kulturgeschichte, Erd- und Naturgeschichte, war das neue Museum, das nach neunjähriger Bauzeit am 27. November 1906 eingeweiht wurde, großzügig und beispielhaft.

Später kam noch das im Prinz-Georg-Palais eingerichtete Porzellanmuseum, das Jagdmuseum in Kranichstein und nach 1918 das Schloßmuseum hinzu. Bei der Übereignung des alten Residenzschlosses am Markt an den Staat wurde in Teilen des Schlosses mit Leihgaben aus dem Großherzoglichen Hause das Schloßmuseum eingerichtet. Hier fand auch die Holbein-Madonna ihre Aufstellung. Leider durften im Kriege nur die größten Kostbarkeiten in Sicherheit gebracht werden, so daß wertvolle Stücke der Zerstörung anheimfielen. Es war das leidenschaftliche Bemühen des Prinzen Ludwig, bald nach 1945 die Voraussetzung für das neue Schloßmuseum zu schaffen.

Großherzog Ernst Ludwig war ein allenthalben geschätzter und geliebter Regent. Durch seine Natürlichkeit und selbstverständliche Vornehmheit schuf er sich viele Freunde, einer leeren Repräsentation und aufwendigem Redeschwall war er abhold. Er ging gerne unter das Volk, er hörte das Volk an, gab zweimal in der Woche Audienzen, bei denen ihn jeder sprechen konnte. Er ist übrigens der einzige deutsche Fürst, der nicht abdankte. Als die Abgesandten des Arbeiter- und Soldatenrats am 8. November ins Neue Palais eindrangen, trat Ernst Ludwig ihnen sehr gefaßt gegenüber, bat sie, sich zu setzen, bot ihnen Zigaretten an und wunderte sich, daß keiner von ihnen ein Hesse sei. Man wurde recht bald einig, so daß die „Machtübernahme" sehr unheroisch vonstatten ging.

„Der Großherzog besitzt wohl kaum Feinde im Land. Gegen ihn persönlich richtet sich auch kein Groll des Volkes", erklärte der Vorsitzende des Arbeiter- und Soldatenrats der Republik Hessen, Knoblauch, *„wir haben aber zu seiner Sicherheit die Wachmannschaft im Neuen Palais auf 60 Mann erhöht. Er darf es*

Das Neue Palais

verlassen, wann er will. Es wurde ihm aber geraten, zunächst nicht auszugehen, da sonst seine Sicherheit nicht gewährleistet werden kann."

Dem Ministerpräsidenten Ulrich sandte der Großherzog dann gute Wünsche für die Arbeit der Republik. Die Vermögensauseinandersetzung zwischen dem Land Hessen und der Großherzoglichen Familie erfolgte ganz nobel: Die Schlösser Wolfsgarten, Kranichstein, Seeheim und Romrod verblieben der Familie, das Neue Palais zur Nutzung bis zum Tode des Großherzogs.

„In seinen letzten Lebensjahrzehnten", schrieb Prinz Ludwig, *„lebte der Großherzog ganz seiner Familie und auch seinen Tieren und seinem Park in Wolfsgarten, den er in jahrelanger Arbeit zu einer Sehenswürdigkeit gemacht hatte. In dieser geduldigen Tätigkeit des alternden Gärtners schien sich im Kleinen das zu wiederholen, was der Regent versucht hatte: Das Junge, Wüchsige wurde gefördert, das Abgestorbene liebevoll gekappt; hier wurde der brennenden Sonne*

150

gewehrt, dort erstickender Schatten aufgehellt. Dabei verließ ihn nie seine sprudelnde Lebendigkeit im Gespräch, sein liebevolles Interesse für alles und jeden, sein fast unheimliches Einfühlungsvermögen – und sein echt darmstädtischer Humor.

Besonders in diesen Jahren der Tatenlosigkeit nach 1918 wuchs die Großherzogin über sich hinaus, um dem so leicht idealistisch beschwingten, aber auch oft niedergeschlagenen Mann Möglichkeiten zur Mitarbeit, zur schöpferischen Tätigkeit zu bieten, denn ohne diese, wenn sie sich auch fast immer nur mittelbar auswirkte, konnte er nicht sein.“

Als Großherzog Ernst Ludwig am 9. Oktober 1937 verstarb, wurde durch die überwältigende Anteilnahme der Darmstädter und im Hessenland deutlich, wie beliebt Ernst Ludwig war. Tausende defilierten vor dem im Neuen Palais aufgebahrten Fürsten und säumten dann am 12. Oktober die Straßen, die der Trauerkondukt nahm bis zum Park auf der Rosenhöhe. Die nationalsozialistischen Machthaber brachte diese monarchistische Demonstration in arge Verlegenheit, aber man wahrte das Gesicht, schickte sich in das Unvermeidliche bei diesem Anlaß und auch fünf Wochen später, als fünf weitere Mitglieder der Familie auf diesem Weg nachfolgten.

Seinen Wunsch, auf der Rosenhöhe im Garten begraben zu werden, hatte Ernst Ludwig in einem Gedicht geäußert:

„Es war mein Wunsch und letzte Bitte: soll scheiden ich aus dieser Welt,
Laßt mich nicht in der Ahnen Mitte, laßt ruhen mich im freien Feld.
In meinem Garten möcht ich liegen, hier grüßt der Himmel frei herab,
die Schwalben hin und wieder fliegen, die Sterne blicken auf mein Grab.
Und Sonntags, wenn die Glocken läuten von Kirchentürmen zum Gebet,
weiß ich, daß meines Grabes Stufen ihr wohlvertrauter Klang umweht.
Und wenn im Schnee die Wege schwinden, und alle Gräber tief verschneit,
Dann kann man meinen Hügel finden, zur ‚Rosenhöhe‘ ist nicht weit.“

Noch war das Grab auf der Rosenhöhe nicht geschaufelt, da folgten am 16. November 1937 – dem Tag da auch das Prinzeßchen 1903 gestorben war – Großherzogin Eleonore, Erbgroßherzog Georg Donatus mit seiner Gattin Cäcilie und den Kindern Ludwig (* 25. 10. 1931) und Alexander (* 14. 4. 1933) im Tode nach. Das dreimotorige belgische Verkehrsflugzeug, das die Glieder der Großherzoglichen Familie zusammen mit Joachim Freiherr von Riedesel, Kinderschwester Lina Hahn und dem Segelflieger Dipl.-Ing. Alfred Martens nach London bringen sollte zur Hochzeit des Prinzen Ludwig mit Hon. Margaret Geddes, stürzte bei Steene nahe dem Flugplatz Ostende um 15.47 Uhr ab. Alle Fluggäste und die dreiköpfige Besatzung kamen ums Leben. In erschütternder

Weise erfüllte sich, was Ernst Ludwig als sechsjähriger Junge beim Tod seines Bruders Fritz 1874 zu seiner Mutter gesagt hatte: „*Wenn ich sterbe, mußt du auch sterben und alle anderen, warum können nicht alle zugleich sterben? Ich mag nicht allein sterben wie Frittie.*"

Die Trauung wurde am 17. November in der Kirche St. Peter am Eaton Square in London vollzogen, dann reiste das junge Paar nach Ostende, um die Bergung und Überführung der so jäh ums Leben gekommenen Familienangehörigen zu veranlassen. Am Freitag früh, dem 19. November um 4 Uhr, kamen die Särge mit den sterblichen Überresten in Darmstadt an und wurden im Fürstenzimmer des Hauptbahnhofs aufgebahrt. Am Nachmittag wurden sie durch die Stadt zum Mausoleum gebracht, und wieder säumten die Darmstädter die Straßen. Am Dienstag, dem 23. November 1937, erfolgte um 15 Uhr die Beisetzung der fünf Verunglückten zusammen mit dem am 9. Oktober verstorbenen Großherzog Ernst Ludwig im Park der Rosenhöhe, unweit vom neuen Mausoleum und dem Grab des Prinzeßchen. Die Feier hielt Geh. Kirchenrat D. Klein, assistiert von den Pfarrern H. Monnard und F. Widmann.

Diese schwere Heimsuchung, die damals die Großherzogliche Familie traf, hat die Verbundenheit der Hessen und der Darmstädter mit ihrem Fürstenhaus noch ungemein verstärkt und vertieft. „*Es war*", so schrieb Prinz Ludwig, „*als ob ein dunkles Schicksal, das unser ganzes Volk betreffen sollte, im kleinen sich vorgeübt hätte in dem privaten Unglück, das durch den Absturz des Flugzeugs in Ostende über uns kam.*"

Für den Prinzen Ludwig als „dem Letzten aus dem Hause der Landgrafen von Hessen-Darmstadt, Großherzöge von Hessen und bei Rhein" – so steht es auf seiner am 11. Mai 1972 enthüllten Gedenktafel in der Stadtkirche – und seine Gemahlin war dieser Schatten von Ostende der Anfang ihres gemeinsamen Lebens. Von ihm sich äußerlich und innerlich loszukämpfen, blieb ein Stück Lebensaufgabe vor allem für Prinz Ludwig. Da nimmt es nicht wunder, daß für einen so tief empfindenden, geistvollen und geistlichen Menschen dieser Prozeß langwierig und schwer war. Sein Gedicht „Gruß" spricht davon besonders stark:

„Ich weiß nicht, wo du wohnst, mein Bruder Tod,
Wo ich dich treffe, ahn ich heute nicht.
Doch seh ich dich einmal von Angesicht
So kennst du mich und das allein tut not.

Denn ich hab Leben und das geht den Weg
Dorthin wo du am Ende hältst die Wacht.
Da läßts mich und durch neue Nacht
Führst du mich weiter auf dem Schattensteg.

Ich weiß von dir nur, daß du heut schon bist
Genau wie ich im Gang der großen Welt.
Du bist wie ich auf deinen Platz gestellt
Mein stiller Bruder, der mich nie vergißt.

So grüß ich dich in deiner stummen Nacht
Aus meiner Welt zu deiner dring mein Wort:
Ich hab das Leben, hellster, hehrster Hort
Dir sei es einst vollendet überbracht."

Außer Großherzogin Eleonore, deren Leben bereits gewürdigt wurde, starben bei dem Flugzeugabsturz auch ihr ältester Sohn, Erbgroßherzog Georg Donatus (* Darmstadt 8. 11. 1906) seine Gemahlin Cäcilie, Prinzessin von Griechenland und Dänemark (* Schloß Tatoi bei Athen 9./22. 6. 1911, Tochter des Prinzen Andreas von Griechenland und Dänemark [1882–1944] und der Prinzessin Alice von Battenberg), mit ihren beiden Söhnen Ludwig und Alexander. Prinzessin Johanna (* Wolfsgarten 20. 9. 1936), das jüngste Kind, war in Darmstadt geblieben, starb aber am 14. Juni 1939. Der „Erbschorch", wie ihn die Darmstädter nannten, verkörperte den Typ des Soldaten, Jägers und Sportlers. Er war ein leidenschaftlicher Flieger, gesellig, sehr kameradschaftlich, überall beliebt und gern gesehen, ob in Romrod, wo Jagd gehalten wurde, ob bei Opel, wo er einige Monate volontierte, ob auf der Landesuniversität, wo er das Studium der Volkswirtschaft mit einem Doktor phil. über „Friedrich List als Weltpolitiker" abschloß. Mit seinem zwei Jahre jüngeren Bruder erlebte er noch einige Jahre bewußt etwas von den Repräsentationspflichten der Familie, in die sie mit einbezogen wurden, wie etwa 1914 bei der Eröffnung der letzten Künstlerkolonie-Ausstellung oder 1917 dem 25jährigen Regierungsjubiläum des Vaters. Wenn der Großherzog offiziell erschien, dann gehörten auch die beiden Prinzen dazu, und sie waren gerne gesehen und beliebt. Wie harmonisch das Familienleben war, blieb nicht verborgen. Nicht wegen der Klassenkameraden, sondern wegen eines unfreundlichen Zeitungsartikels im „Volksfreund" war der Aufenthalt der Prinzen in einer Klasse des Alten Realgymnasiums nur kurz. Nach privatem Unterricht wurde dort die Reifeprüfung abgelegt.
Seine zukünftige Gattin kannte der Erbgroßherzog schon von frühester Jugend her, Cäcilies Großmutter, Victoria von Battenberg, war die älteste Schwester seines Vaters. Da die Eltern Andreas von Griechenland und Alice nach 1918 ihr Land verlassen mußten und lange Zeit keine feste Bleibe hatten, kamen sie gelegentlich auch nach Darmstadt, wo ja im Oktober 1903 anläßlich ihrer Hochzeit der letzte große europäische Herrscherkongreß stattfand, ehe „in Europa die Lichter" ausgingen.

Großherzog Ernst Ludwig mit seinen Schwestern und Schwägern am 8. Oktober 1903:
Zarin Alexandra Feodorowna und Zar Nikolaus II. von Rußland;
Prinzessin Irene und Prinz Heinrich von Preußen;
Großfürstin Elisabeth und Großfürst Sergius von Rußland;
Prinzessin Viktoria und Prinz Ludwig von Battenberg (v. l.)

Am 2. Februar 1931 wurden Georg Donatus und Cäcilie getraut, zuerst orthodox im Neuen Palais, anschließend lutherisch in der Schloßkirche, der ehemaligen Hofkirche, in der sowohl die Eltern des Bräutigams (am 2. 2. 1905) wie auch die Eltern der Braut (am 7. 10. 1903) einst zum Ehebund eingesegnet worden waren. Prinz Ludwig erinnerte sich an die Trauung seines Bruders in seiner letzten Rede so: *„Hier ereignete sich wieder eine sehr lustige Sache. Das Volk war in großer Menge herbeigeströmt. Die Darmstädter wollten auch etwas von dieser Veranstaltung haben, und die Polizei hatte nicht recht für Absperrung gesorgt. So kam es, daß die Braut mit ihrem Vater – im letzten Auto sitzend – vor dem Landesmuseum einfach gestoppt wurde, und der Wagen nicht weiterkam. Wir standen in der Kirche, warteten und warteten immer länger, bis mein Vater unruhig wurde und sagte: ‚Jetzt gehen wir aber raus und sehen, was los ist‘ – und so*

Die Hochzeit des Erbgroßherzogs Georg Donatus mit Prinzessin Cäcilie am 2. Februar 1931

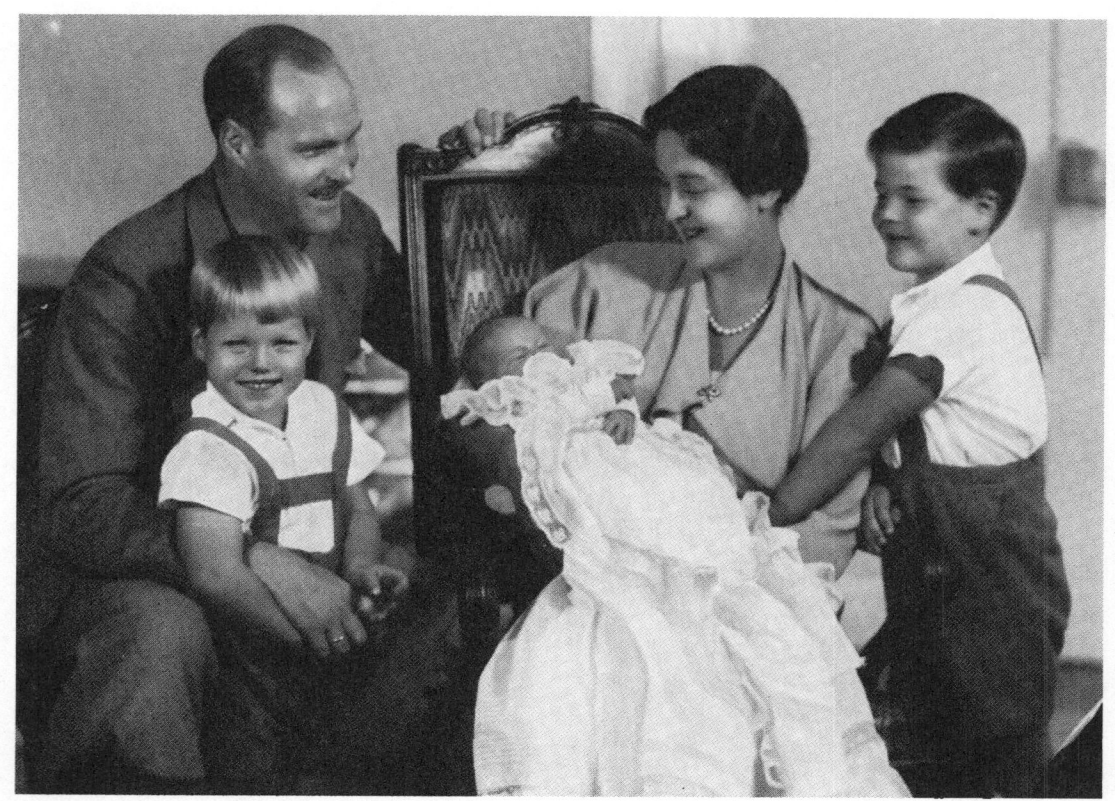

Die Familie des Erbgroßherzogs Georg Donatus

gingen er, mein Bruder und ich, der spätere König Paul von Griechenland und der Markgraf von Baden und noch eine Anzahl andere hinaus, um zu sehen, was los wäre. Draußen drückte sich die Menge vor dem Schloß, man konnte kaum durch. Mein Vater rief ihnen zu: ‚Laßt uns doch hin, wir wollen das Mädchen holen, die wolle doch heirate!‘ So drangen wir mit einigen Polizisten zusammen bis zum Auto vor und ließen die Dame aussteigen mit ihrem Vater. Dann zog und puffte man sich durch ein fröhlich lachendes und drückendes, drängelndes Volk bis in die Kirche, wo dann die Trauung stattfand.‘‘

Das Hochzeitsbild ist ein gutes Dokument dieser weltweiten Verwandtschaft der Großherzoglichen Familie. Außer den drei Schwestern der Braut, Margarita, Fürstin Hohenlohe-Langenburg, Theodora, Markgräfin von Baden, Sophie, damals Prinzessin Christoph von Hessen, dann Prinzessin Georg Wilhelm von Hannover, ist auf dem Bild auf der rechten Seite der Braut als zehnjähriger Junge auch Cäcilies einziger Bruder, Prinz Philipp, der heutige Herzog von Edinburgh, zu sehen.

156

Die Familie des Erbgroßherzogs bezog in der Wilhelminenstraße 20 Wohnung. Hier wuchs die junge Familie heran, drei Kinder wurden geschenkt. Ludwig, Alexander und Johanna sind die Freude der Eltern und Großeltern. Prinz Ludwig schilderte *„meine Schwägerin mit ihren kleinen Kindern laut durch die Straßen ziehend, die Buben immer mit frechen Redensarten bei der Hand, wie das bei Heinern eigentlich sein muß“*.

Von den Tätigkeiten und Neigungen des Erbgroßherzogs wurde schon gesprochen, seine Gattin wuchs in mancherlei Funktionen karitativer Art hinein in Verbindung mit dem Alice-Hospital und der Alice-Schwesternschaft und entlastete dadurch ihre Schwiegermutter. So wurde ihr jäher Tod wie der ihrer Angehörigen als großer Verlust empfunden.

Großherzogliches Staatswappen · 1902

Prinz Ludwig   * Darmstadt 20. 11. 1908   † Frankfurt am Main 30. 5. 1968

Mit dem Prinzen Ludwig ist die Darmstädter Linie des Hessischen Fürstenhauses im Mannesstamme zu Ende gegangen. Die Erinnerung an den zweiten und jüngsten Sohn des letzten Großherzogenpaares ist in Darmstadt sehr lebendig. Er hat es verstanden, das bedeutende Erbe des von 1567 bis 1918 regierenden Fürstenhauses unauffällig aber wirksam unserer Stadt weiter dienstbar zu machen. In dem Nachruf von Darmstadts Magistrat und Stadtparlament hieß es: *„Wir nehmen Abschied von einem Mann, der sich als Sohn des letzten Großherzogs der reichen Tradition der alten Residenz und dem geistigen Leben der demokratischen Gemeinde allzeit eng verbunden fühlte. Wir verehren ihn als kunstsinnigen Mäzen, als umsichtigen Verwalter eines großen kulturellen Erbes und als sachverständigen Berater, der durch seine Mitarbeit in zahlreichen Institutionen den Ruf Darmstadts als eine Stadt der Wissenschaften und der Künste festigte und mehrte.“*
Prinz Ludwig war in seinen Begabungen und Neigungen für die Kunst und die geistigen Werte dem Vater recht ähnlich, das war ihm sehr bewußt. In seinem Gedicht „25. November“ – hat er sich zu diesem Vorbild des Vaters bekannt:

> „Ich sage ‚Vater‘ heut und höre ‚Sohn‘ –
> In tiefster Brust klingt Deine Stimme mir.
> Es ist ein Stück von mir, dies Wort von Dir,
> Stark über Zeit und Trauer klingt sein Ton.
>
> Sohn, klingt es, und das heißt: Ehrfurcht zeigt stumm,
> Daß neuer Geist das alte Gute grüßt;
> Wer seine Wurzeln abhaut es schwer büßt;
> Der Stamm vermorscht, ein Windhauch wirft ihn um.
>
> Ich lausche und Du sprichst: ‚Du bist mein Blut –
> Sei treu, wie ich, den Menschen, die du liebst,
> Sieh nicht, was du empfängst, sieh, daß du gibst
> Aus starkem Herzen: Liebe, Schwung und Mut.‘
>
> Ich höre ‚Sohn‘ und weiß: Sei wie du bist,
> Nur jünger, klarer, heller, pack frisch an
> Und tu dein neues Werk, geh drauf und dran,
> Der Sache diene, bis du dich vergißt.“

Prinz Ludwig

Durch das Studium der Archäologie und Kunstgeschichte mit Spezialgebiet Ornamentik in Darmstadt, München und Lausanne erwarb sich der Prinz die wissenschaftlichen Kenntnisse und Voraussetzungen für die Aufgaben, die dann anders, als er es geplant hatte, auf ihn zukamen.

„Ich habe es immer als meine Aufgabe betrachtet", hieß es in der letzten Rede des Prinzen im April 1968, *„ein wenig zu übermitteln von den Dingen, die früher einmal Wert waren, und ja die Wurzel vieler Dinge, die wir heute erleben, sind. Ich meinte, daß es richtig ist, die alten vorhandenen Sachen wieder zu sammeln, zusammenzubringen und wieder auszustellen und einem neuen Menschen zugänglich zu machen, damit er wisse, was einmal gut und schön in unserem Lande war. Man sollte nicht nur an das Schlechte denken, sondern das Gute fördern, wo es geht.*

Außerdem hat mich mehr und mehr, obwohl ich gelernter Kunsthistoriker bin, der Wunsch beeinflußt, zu wirken in die Zukunft hinein, nämlich in unsere materielle Zukunft, die Zukunft, die durch die maschinengefertigte Welt entstehen wird. Ich bin der festen Überzeugung, daß diese Welt nur anständig und schön wachsen kann, wenn sie etwas nimmt, was früher die alten Zeiten hatten, nämlich den lebendigen, humanen Geist des schöpferischen Menschen, der sich auch ebensogut in einer fabrikmäßig hergestellten Ware ausdrücken kann wie in den Schöpfungen großer Künstler. Auf diesem Wege, sowohl für die Erhaltung des Alten und die Förderung des Neuen, sah man sich auf einmal umgeben von vielen Menschen, die ähnliches wollten und ähnliches suchten…"

Verfolgen wir jedoch erst die weiteren Stationen im Leben des Prinzen: Aus dem Kunsthistoriker wurde ein Attaché bei der Deutschen Botschaft in London. In der Engländerin Hon. Margaret Campell Geddes (* Dublin 18. 3. 1913) findet er seine Lebensgefährtin. In Oberbayern hatte man sich kennen gelernt, bei der Winterolympiade 1936 in Garmisch fiel die Entscheidung für den gemeinsamen Lebensweg.

Durch die vielfältigen Tätigkeiten ihres Vaters, des Dr. med., Dr. jur.h.c. Rt. Hon. Auckland Campbell Geddes, 1. Baron Geddes of Rolvedon (1879–1954), verheiratet mit Isabella Gamble Ross (1881–1962), als Universitätsprofessor, Minister, Botschafter war ein weltweiter Horizont und Welterfahrung für die Tochter mitgegeben. Damit ging einher eine starke Leidenschaft, Menschen in Not zu helfen; in Fürsorgearbeit bei Gefangenen ergaben sich berufliche Möglichkeiten. Das große Sterben von Ostende am 16. November 1937 nötigte das junge Paar, das Erbe des hessischen Hauses anzutreten, eine Entscheidung, die bejaht wurde, auch wenn sie keinesfalls leicht fiel. Die Fürsorge für Johanna (* 20. 9. 1936), das jüngste Kind des Erbgroßherzogs, wurde auch angetreten – eigene Kinder blieben versagt –, doch starb das Kind am 14. Juni 1939 an Meningitis.

Der Krieg nötigte auch Ludwig zum Militärdienst: *„…ich wurde von Anfang an in Stäbe abkommandiert, wo ich an Schreibtischen sitzend irgend welche Arbeit zu tun hatte, bis der ‚oberste Kriegsherr' es für richtig hielt, mich mit den anderen Angehörigen früherer regierender Häuser aus der Wehrmacht zu entlassen, wegen politischer Unzuverlässigkeit. Von da an (1943) war ich allein in Wolfsgarten mit meiner Frau, und wir lebten still und zurückgezogen, nur von etlichen immer schwerer werdenden Bombenangriffen aufgescheucht und verstört.*

In diese Zeit fiel dann als Krönung des Furchtbaren der Angriff auf Darmstadt. …man hatte so das Gefühl, als ob das, was einem einmal persönlich geschehen war (gemeint das Sterben von Ostende 1937), sich nun wiederholt hätte an unserer Stadt, an unserem Volk."

Das Neue Palais nach der Zerstörung am 11./12. September 1944

Hinzuzufügen ist, daß die Herkunft der Gattin des Leutnants auf der Kriegsschule Krampnitz bei Potsdam aus dem „feindlichen Ausland" zusätzlich Grund zu Argwohn und distanzierter Behandlung bot.

Was jedoch bis 1945 ein Nachteil war, wurde nach Kriegsende von größtem Nutzen. Jetzt wurde Prinzessin Margaret, die Engländerin, zum leidenschaftlichen Anwalt der besiegten Deutschen. Bei den zu Anfang der Besatzungszeit oft sehr willkürlichen Maßnahmen, wie Beschlagnahmung von Gebäuden, Maßregelungen von Schuldigen und Nichtschuldigen durch die Siegermacht, waren beherzte Fürsprecher sehr vonnöten. Prinzessin Margaret war eine solche Fürsprecherin. Manchen Schaden konnte sie abwenden, manches pauschale Mißtrauen gegenüber den Deutschen abbauen. Darüber hinaus wurde sehr praktisch geholfen: Teile des Schloßes in Wolfsgarten wurden zeitweilig Altersheim. Später wurde im Teehaus ein Heim für körperbehinderte Kinder eingerichtet, das anfangs sehr erheblich aus der Privatschatulle finanziert wurde.

Als die Holbein-Madonna nach ihrer Odyssee von Schloß Fischbach in Schlesien, wohin sie während des Krieges ausgelagert wurde, über Callenberg und Coburg Ende Dezember 1945 wieder heimgekehrt war, überließ Prinz Ludwig das Bild dem Museum zu Basel für elf Jahre als Leihgabe. Dieses Gemälde ist ja in Basel entstanden. Als Gegenleistung konnten in den Jahren 1953 bis 1958 jährlich zwanzig erholungsbedürftige Darmstädter Kinder, die sogen. „Madonnenkinder", zu Kuraufenthalten in die Schweiz reisen.

Wolfsgarten war alsbald nach dem Krieg Treffpunkt, zeitweilig auch Bleibe, für heimatvertriebene Fürstenfamilien. Als die staatliche Ordnung zurückkehrte und offizielle Diplomatie einzuüben war, wurde von dem Prinzenpaar vielfältig Hilfestellung geleistet. Manche inoffizielle Diplomatie von Wolfsgarten aus ebnete die Wege, vor allem nach England. Man hätte sich nach der Behandlung

Königin Elisabeth II. und Prinz Philipp von Großbritannien beim Besuch in Schloß Wolfsgarten am 20. Mai 1965: Prinz Ludwig, Königin Elisabeth II., Prinzessin Margaret, Prinz Philipp; dahinter Prinzessin Beatrix zu Hohenlohe-Langenburg und Prinzessin Dorothea zu Windisch-Graetz (v. l.)

vor 1945 auch ganz anders verhalten können, auf Distanz gehen oder nur rein privaten Interessen huldigen. Aber hier zeigte sich erneut die Seelengröße, die durch Herkunft, Stellung, Verwandtschaft und Beziehung gegebenen Möglichkeiten zum Nutzen vieler einzusetzen, „sieh nicht, was du empfängst, sieh, daß du gibst aus starkem Herzen…" Kraft ihrer Persönlichkeit und der starken hilfsbereiten Herzen legitimierten und mehrten die Repräsentanten des Großherzoglichen Hauses die auch nach 1918 nicht geschwundene Autorität und wurden ohne ausdrückliches Mandat wichtigste Sprecher und Diener unserer Stadt und unseres Vaterlandes.

So wuchsen Prinz Ludwig und Prinzessin Margaret seit 1945 erneut und verstärkt ganz selbstverständlich Zuständigkeiten zu, wie sie in früheren Jahren für Ernst Ludwig und Eleonore üblich waren: Hier die Verantwortung für die Kunst, die Museen, dort für die karitativen Einrichtungen, Alice-Hospital und seine Schwestern, das Eleonorenheim, dazu die Arbeit im Roten Kreuz. Hierbei waren durch die Kriegszerstörungen kostspielige Wiederaufbauarbeiten erforderlich, aber auch neue Bauten zu schaffen. Mit gutem Grund heißen zwei der Schwesternwohnheime des Alice-Hospitals „Margaret-Haus" und „Ludwig-Haus".

Wer die ersten Aufbaujahre miterlebt hat, entsinnt sich noch, wie man sich freute, wenn neben Wohnungen auch die Stätten der Kunst ihre Tore öffneten: zu allererst das Porzellanmuseum, dann das Jagdmuseum in Kranichstein. Als dies nach Übereignung an den Hessischen Jägerhof und gründlicher Restaurierung (denn dort hatten erst die Quäker ihre Zentrale, dann die Kranichsteiner Musikwochen) am 25. Juni 1953 neu zugänglich gemacht wurde, bezog Prinz Ludwig das Wort auf einem der Baracköfen „perdo et conservo" sehr konkret auf den Verkauf des Anwesens: Ich gehe unter und erhalte, will sagen, ich habe Kranichstein verkauft, damit es erhalten bleibt.

Am 4. Juli 1965 wurden in Verbindung mit dem Hessentag im Glockenbau des Schlosses Erdgeschoß und vier Räume im ersten Stock als Anfang eines neuen Schloßmuseums eröffnet. Prinzessin Margaret eröffnete am 28. Mai 1972 den zweiten Teil, 17 Räume in vier Stockwerken. Seitdem erfreut sich das Schloßmuseum eines regen Zuspruchs, auch wegen der dort wieder zu sehenden Holbein-Madonna. Mit Ernst Hofmann, dem ersten, und Volker Illgen, dem jetzigen Leiter, sind Fachleute am Werk, die Sammlungen auf- und ausbauen und Sonderausstellungen zusammenstellen können. In den Räumen des Museums finden in stilvollem Rahmen neuerdings auch Kammerkonzerte statt, eine Idee, die von Prinzessin Margaret auch in Kranichstein und im Porzellanschlößchen verwirklicht wird.

Als Mittler zwischen dem alten und dem neuen Darmstadt war Prinz Ludwig

Prinzessin Margaret bei der Eröffnung der neuen Räume des Schloßmuseums am 28. Mai 1972

beteiligt bei der Schaffung des Instituts für neue technische Form, dem Rat für Formgebung, dem Bauhaus-Archiv, bei der neuen Künstlerkolonie, den Neubauten am Eingang zur Rosenhöhe. Maßgeblichen Anteil hatte Prinz Ludwig bei der Gestaltung des deutschen Pavillons auf der Weltausstellung zu Brüssel 1958. Der für dort geschaffene Brunnen steht heute unterhalb des Ernst-Ludwig-Hauses am Alexandraweg und trägt den Namen des letzten Großherzogs. Daß die Stadt Darmstadt ihre höchste Auszeichnung, die Silberne Verdienstplakette, an Prinz Ludwig und Prinzessin Margaret verliehen hat, das Land Hessen an den Prinzen die Goethe-Plakette, sind kleine Anerkennungen für große Leistungen und Verdienste.

Nicht zu vergessen sind auch die Förderungen musikalischer Festspiele, der Ansbacher Bachwochen wie vor allem der „Aldeburgh Festivals" des befreundeten englischen Komponisten Benjamin Britten. So hat Prinz Ludwig Texte von Brittens Opern übersetzt, aber auch den Komponisten bei seinem Schaffen inspiriert. Große Teile von Brittens „Death in Venice" sind in Wolfsgarten komponiert. Daß mit Brittens „War Requiem " unser neues Staatstheater eröffnet wurde, war nicht nur Frucht dieser Freundschaft, sondern auch in einer durch die englische Luftwaffe zerstörten Stadt ein Zeichen, daß die Aussöhnung Wirklichkeit ist.

Die Beisetzung des Prinzen am 6. Juni 1968 in der Stadtkirche zu Darmstadt führte nicht nur den europäischen Hochadel an seinem Sarge zusammen, sondern machte abermals deutlich, wie sehr sich Alt- und Neubürger mit dieser Familie „Hessen" – wie sich Prinz Ludwig vorzustellen pflegte – verbunden fühlen. Einen der rührendsten Beweise solcher Anhänglichkeit lieferten die Bewohner von Romrod. Als fünfzehntausend Menschen am Sarg des Prinzen ihre Verehrung bekundet hatten und die Traditionskirche schon geschlossen war, kamen sie aus dem Ort bei Alsfeld, wo das Jagdschloß des Großherzogen war und die Prinzen 1923 konfirmiert worden waren, um ihrer Anhänglichkeit sichtbaren Ausdruck zu verleihen.

Das Epitaph für Prinz Ludwig in der Stadtkirche Darmstadt

Die Rückschau auf eine vierhundertjährige Geschichte des Fürstenhauses Hessen-Darmstadt zeigt sehr vielfältige Regenten: solche, denen das Wohl ihres Volkes am Herzen lag, andere, die ihre Vorrechte sehr eigennützig auslebten. Nichts lag dem Verfasser ferner, als Menschen zu verherrlichen. Viele Fürsten ließen bei den Gottesdiensten an ihrem Geburtstag das Psalmwort lesen: „Verlasset euch nicht auf Fürsten, sie sind Menschen, die können ja nicht helfen." Sowohl Großherzog Ernst Ludwig wie sein Sohn Ludwig liebten das Lutherlied, in dem bekanntlich steht: „Mit unsrer Macht ist nichts getan, wir sind gar bald verloren; es streit' für uns der rechte Mann, den Gott hat selbst erkoren."

Es war für Hessen und Darmstadt ein sehr günstiger Umstand, daß sowohl der letzte Großherzog mit seiner Familie wie auch seine Erben Souveräne an Herzensbildung, Frömmigkeit, Kultur und tätiger Nächstenliebe waren und noch sind. Dadurch haben sie viele Menschen bereichert und positiv beeinflußt. Man kann nur wünschen, daß dieses gute Erbe in unserem Land wirksam bleibe mit seiner Repräsentantin, Prinzessin Margaret, und der Familie des Prinzen Moritz (* 6. 8. 1926) aus der älteren Kasseler Linie, der es einmal weiterführen soll.

Literaturverzeichnis

Wegen der Fülle des vorliegenden Materials können hier nur die wichtigsten Titel aufgenommen werden, die oder aus denen zitiert wurden. Für weitere Studien sei auf die 1975 erschienene Literaturzusammenstellung von Erich Zimmermann „Darmstadt im Buch" hingewiesen. Auch halten die Darmstädter Buchhandlungen Veröffentlichungen über Darmstadt und seine Umgebung vorrätig.

Alice, Großherzogin von Hessen und bei Rhein, Prinzessin von Großbritannien und Irland: Mitteilungen aus ihrem Leben und aus ihren Briefen. Darmstadt 1886.

Baum, Vicki: Es war alles ganz anders. Erinnerungen. Berlin 1962.

Büchner, Georg: Der Hessische Landbote. Erste Botschaft. Darmstadt 1834.

Cookridge, E. H.: Die Battenbergs. Geschichte einer europäischen Familie. München 1967.

Corti, Egon Caesar Conte: Unter Zaren und gekrönten Frauen. Graz 1949.

– : Wenn . . . Sendung und Schicksal einer Kaiserin. Graz 1954.

Darmstadts Geschichte. Fürstenresidenz und Bürgerstadt im Wandel der Jahrhunderte von Friedrich Battenberg, Jürgen Rainer Wolf, Eckhart G. Franz, Fritz Deppert. Darmstadt 1980.

Darmstädter Geschichte(n). Herausgegeben von Fritz Deppert und Karl-Eugen Schlapp. Darmstadt 1980.

Demandt, Karl E.: Geschichte des Landes Hessen. 2. Aufl. Kassel 1972.

Dierks, Margarete: Darmstadt so wie es war. Düsseldorf 1972.

Duff, David: Die Enkel der Queen. Lebensbild einer deutschen Fürstenfamilie. Köln/Düsseldorf 1968.

Erbach-Schönberg, Marie Fürstin von, Prinzessin von Battenberg: Memoiren: Entscheidende Jahre. 1859, 1866, 1870 – Aus stiller und bewegter Zeit – Erklungenes-Verklungenes. Darmstadt 1923, Bensheim 1958.

(Friedrich V. von Hessen-Homburg:) Tagebuch Friedrichs V. von Hessen-Homburg über seinen Besuch am landgräflichen Hof zu Darmstadt 1768. Hrsg., eingel. u. erl. von Walter Gunzert. Darmstadt 1968.

Frölich, Marie/Sperlich, Hans Günther: Georg Moller. Baumeister der Romantik. Darmstadt 1959.

Goethe, Johann Wolfgang von: Aus meinem Leben. Dichtung und Wahrheit. 9. Aufl. Stuttgart 1962.

Gunzert, Walter: Darmstadt und Goethe. Darmstadt 1949.

– : Henriette Caroline. Persönlichkeit und Umwelt einer berühmten Darmstädterin am Vorabend der europäischen Revolution. Darmstadt 1971.

Heinemeyer, Walter (Hrsg.): Das Werden Hessens. Marburg 1986.

Hessische Volksbücher. Bd. 1: Friedrich Peppler, Schilderung meiner Gefangenschaft in Rußland 1812–1814. 1908.

– : Bd. 13–14: Die Hessen in Spanien und in englischer Gefangenschaft 1808–1814. Geschildert v. Karl Esselborn. 1912.

– : Band 15: Diehl, Wilhelm: Landgraf Georg II. Ein Lebensbild aus der Zeit des Dreißigjährigen Krieges. Darmstadt 1912.

– : Band 21–22: Darmstadt und sein Hof zur Zopfzeit in zeitgenössischen Schilderungen. Bearb. u. hrsg. von Karl Esselborn. Friedberg/Darmstadt 1915.

– : Band 28–30: Pirmasens und Buchsweiler. Bilder aus der Hessenzeit der Grafschaft Hanau-Lichtenberg. Bearb. u. hrsg. von Karl Esselborn. Friedberg/Darmstadt 1917.

Knodt, Manfred: Ernst Ludwig Großherzog von Hessen und bei Rhein. Sein Leben und seine Zeit. Darmstadt ²1985.

Landgraf, Ludwig (das ist Prinz Ludwig von Hessen und bei Rhein): Gedichte. Darmstadt 1951.

– : Erinnerungen eines Darmstädters (Die letzte Rede des Prinzen Ludwig von Hessen, April 1968). Darmstadt o. J.

Ludwig von Hessen, Prinz: Die Darmstädter Künstlerkolonie und ihr Gründer Großherzog Ernst Ludwig. Darmstadt 1950.

Niebergall, Ernst Elias: Datterich. Darmstadt 1841.

Roether, Jürgen/Sperlich Hans Günther: Die Darmstädter Künstlerkolonie. Ein Dokument des Jugendstils. Darmstadt o. J.

Siebert, Gisela: Jagd und Jagdschlösser in Hessen-Darmstadt. Stuttgart 1972.

– : Kranichstein. Jagdschloß der Landgrafen von Hessen-Darmstadt. Amorbach 1969.

Stürz, Hans Karl: Die Ernst Ludwig-Presse zu Darmstadt. Zum 65. Jahr ihrer Gründung (Ausstellungskatalog). Darmstadt 1972.

Wauer, Max: Großherzog Ernst Ludwig und das Schicksal seines Hauses. Eine biographische Skizze. Darmstadt 1938.

Weidig, Friedrich Ludwig/Eichelberg, Leopold: Leuchter und Beleuchter für Hessen oder der Hessen Notwehr. Hrsg. Freimund Hesse (das ist Friedrich Ludwig Weidig und Leopold Eichelberg). Darmstadt 1834.

167

Personenverzeichnis

Bei den Fürstenhäusern erfolgt die Nennung in aufsteigender Reihenfolge

169

170

Autor und Verlag danken für freundliche Hilfe bei der Auswahl und Zusammenstellung des Bildmaterials sowie für Reproduktionsgenehmigungen

Ihrer Königlichen Hoheit Prinzessin Margaret von Hessen und bei Rhein
Herrn Immo Beyer
dem Darmstädter Echo
dem Darmstädter Tagblatt
der Hessischen Landes- und Hochschulbibliothek Darmstadt
dem Hessischen Staatsarchiv Darmstadt
dem Merckschen Hausarchiv
Herrn Jürgen Roether und Herrn Werner Bauer
dem Schloßmuseum Darmstadt und Herrn Dr. Volker Illgen
dem Stadtarchiv Darmstadt und den Herren Carl H. Hoferichter und Heinz-J. Jaensch
dem Archiv der Stadtkirchengemeinde Darmstadt
Herrn Robert Warnebold

Der Schutzumschlag zeigt auf der Vorderseite einen Stich des ersten Landgrafen von Hessen-Darmstadt, Georg I., und auf der Rückseite ein Pastellgemälde des letzten Großherzogs von Hessen und bei Rhein, Ernst Ludwig, von Hanns Pellar aus dem Jahre 1914; auf der Innenseite befindet sich eine Übersicht über alle Linien des Hauses Hessen seit Philipp dem Großmütigen.
Das Wappen auf Seite 1 ist eine Fotografie des landgräflich-hessischen Wappens von 1629 am Treppenturm des Alten Pädagogs in Darmstadt.
Die Gedichte Ernst Ludwigs auf Seite 146 wurden aus seinem 1917 in Leipzig erschienenen Band „Verse" übernommen.